다가오는 미래,
UAM 사업
시나리오

초판 1쇄 인쇄 **2023년 12월 25일**
초판 1쇄 발행 **2024년 1월 5일**

지은이 이정원

펴낸이 우세웅
책임편집 한홍
기획편집 김휘연
북디자인 김세경

종이 페이퍼프라이스㈜
인쇄 ㈜다온피앤피

펴낸곳 슬로디미디어그룹
신고번호 제25100-2017-000035호
신고연월일 2017년 6월 13일
주소 경기도 고양시 덕양구 청초로66, 덕은리버워크
지식산업센터 A동 15층 18호
전화 02)493-7780
팩스 0303)3442-7780
전자우편 wsw2525@gmail.com(원고투고·사업제휴)
홈페이지 slodymedia.modoo.at
블로그 slodymedia.xyz
페이스북.인스타그램 slodymedia

ISBN 979-11-6785-171-0 (03320)

다가오는 미래,
UAM 사업
시나리오

UAM 도심항공 모빌리티 사업을
어떻게 운영할 것인가?

이정원 지음

슬로디미디어

추천사

박종태, 현대자동차 글로벌서비스기술실장

UAM 산업에 글로벌 기업들이 참여하고 기술이 발전하면서, 주요 업체들의 실증 사업이 고도화되고 실현되는 것을 목도하는 시점이 도래했다. 향후 UAM 사업은 모빌리티 산업의 새로운 패러다임이 될 것이며 수많은 비즈니스 기회가 창출될 것이다. 물론 실제 사업이 실현되고 성장하기 위해서는 하늘을 나는 UAM과 버티포트라는 새로운 거점에 대한 정교한 서비스 모델을 만들어야 한다. 이 책에서 제시하고 있는 사업의 핵심 역량과 성장 전략은 UAM 사업을 준비하고 있는 사람들이라면 반드시 읽어야 할 내용이다.

김동현, 모두컴퍼니 대표이사

현재 모빌리티 산업에 종사하고 있는 현직자로서 UAM 사업 전망에 대해 냉철하게 분석하고 누구나 이해하기 쉽게 정리한 책이다. UAM에 대한 장밋빛 미래만 그리는 것이 아니라, UAM 사업이 성공하기 위해 얼마나 많은 것이 필요한지 논리적으로 정리했다. 특히 저자가 정리한 UAM 사업 전망과 방향성은 UAM 사업에 참여하고 있거나 관심이 있는 사람이라면 꼭 읽어봐야 할 내용이다.

김의정, 위플로 대표이사

UAM은 모빌리티 산업의 새로운 혁명이자 미래 사업의 가장 큰 축이 될 것이다. 물론 UAM 사업 실증과 상용화 과정은 오랜 시간이 걸리고 많은 투자와 노력이 필요한 것은 틀림없다. 이 책은 앞으로 UAM 산업에서 필요한 기술을 개발하거나 사업을 운영하려는 독자에게 전략적 방향성을 제시하고 필요한 핵심 역량 측면에서 유용한 정보를 제공하고 있다. 저자가 다년간 모빌리티 산업에서 전략 기획을 담당하면서 획득한 UAM 산업에 대한 분석은 많은 시사점과 통찰력을 줄 것이라 확신한다.

김신명, 쏘카 카셰어링본부장

모빌리티 산업에 있어 카셰어링과 카헤일링 서비스는 이동에 대한 새로운 패러다임을 제시했고 대표적인 모빌리티 서비스로 자리매김했다. 다음으로 펼쳐질 새로운 모빌리티 혁신은 하늘을 나는 UAM 사업이 될 것이다. 물론 새로운 서비스가 성공적으로 상용화되는 것은 쉬운 일이 아니다. 저자가 설명하고 있는 UAM 사업 전략과 핵심 경쟁력은 UAM 사업 성공의 핵심 포인트가 될 것이다.

김지웅, 제주항공 기장, 운항안전 담당

기존에 없던 UAM이라는 항공 교통 수단은 사람들에게 새로운 이동 경험을 제공할 것이다. 물론 UAM 사업이 성공하기 위해서는 지금의 항공업과 다른, 새로운 사업 모델과 전략을 수립해야 할 것이다. 저자가 정리한 UAM 사업 시나리오는 성공적인 사업 운영을 위해 무엇을 해야 하는지 명확하게 제시하고 있으며, 항공업뿐만 아니라 모빌리티 산업에 근무하는 사람들에게 많은 인사이트를 제공할 것이다.

프롤로그

IT 기술의 발전과 더욱 고도화된 플랫폼 비즈니스의 확대로 인해, 디지털을 기반으로 한 다양한 개인화 서비스들이 등장하면서 사람들의 일상에 많은 변화가 일어나고 있다. 넷플릭스와 같은 OTT 서비스, 쿠팡의 새벽 배송 서비스, 배달의민족의 음식 배달 서비스, 카카오T의 택시 호출 서비스까지, 10년 전에는 예측도 하지 못했던 서비스가 지금은 일상이 되었다. 지금 이 순간에도 기존에 없던 수많은 서비스가 탄생하거나 사라지고 있으며, 새로운 가치를 제공할 수 있는 서비스만이 생존하고 성장할 것이다.

이 커다란 변화의 한 부분을 차지하고 있는 것이 바로 모빌리티 서비스다. 과거에는 존재하지도 않았던 모빌리티 서비스라는 단어가 이제는 누구에게나 너무나 익숙한 용어가 되었고 카셰어링에서 퍼스널 모빌리티에 이르기까지 다양한 서비스가 운영되고 있다.

과거에는 집과 함께 고가의 소유물로 여겨졌던 자동차에 대한 인식이 바뀌면서 소유에서 공유로 점진적으로 전환되고 있으며, 쏘카와 같은 카셰어링업체들은 10년이 넘는 업력을 바탕으로 자동차 공유 경제의 필요성과 그 가치를 증명했다.

또한 수요의 관점에서 사람들이 원하는 위치로 택시를 불러 이용 편의성을 높이고 택시 가격의 투명성을 확립한 카카오모빌리티의 카카오T는 단순 카헤일링 서비스를 넘어 모빌리티 생태계를 바꿀 만한 다양한 서비스를 개발하고 있다. 전기자전거, 킥보드 등 여러 퍼스널 모빌리티업체들도 경쟁력을 확보하기 위해 사업을 확장하기 위해 노력하고 있다.

자동차 산업에서는 10년 전에는 불가능하다고 생각했던 전기자동차의 대중화가 이루어지고 있다. 이에 글로벌 자동차 제조사들도 전기차 판매를 확대하기 위한 로드맵을 수립하고, 중장기적 관점에서 전기차를 중심으로 하는 사업 모델로 전환하기 위해 준비하고 있다.

그렇다면 앞으로 모빌리티 서비스 분야에서는 또 어떤 혁신이 일어날까? 물론 다양한 변화가 있을 수 있지만, 비행기 및 고속열차에 이어 하드웨어와 소프트웨어의 결합으로 사람들의 이동 방식에 가장 큰 변화를 가져올 것은 UAM, 도심항공 모빌리티일 것이다. UAM은 중장거리 이동이 쉽지 않은 기존 교통 시스템의 한계를 넘어 시간과 편의성 측면에서 새로운 모빌리티 라이프를 제공할 것으로 보인다.

또한 UAM과 연계된 다양한 비즈니스 모델이 생겨나 더 큰 변화를 가져올 것으로 기대된다. UAM이 다양한 모빌리티 서비스와 결합되어 모빌리티 초연결이라는 개념이 구현될 것이며, 한편으로는 이동의 한계가 사라지면서 사람들의 주거 환경에도 변화가 올 것이다.

이 책은 어떻게 하면 UAM 사업을 성공적으로 운영할 수 있을지 고민하면서 집필하게 됐다. 13년 넘게 글로벌 자동차 제조사와 모빌리티 플랫폼업계에 몸담고 일하면서, 수많은 모빌리티 서비스가 만들어지고 또 사장되기도 하는 모습을 지켜보았다. 처음에는 큰 반향을 불러일으키면서 새로운 서비스 모델로 자리 잡을 것처럼 보였던 서비스들이 없어지기도 하고, 도저히 지속 성장은 어렵다고 생각했던 서비스가 오히려 사람들의 인식과 일상에 확고히 자리 잡아 안정적으로 운영되기도 했다. 이런 여러 모습을 보며 고민에 고민을 거듭했다.

모빌리티 서비스의 미래라 불리는 UAM 역시 대기업과 IT기업의 투자와 참여로 사업을 구현할 수 있을 것이다. 하지만 지속적으로 사업을 운영하려면 편의성과 가치에 기반한 서비스 경험을 제공하여 사람들에게 선택받아야하고 결과적으로는 수익성을 창출할 수 있는 사업임을 입증해야 한다.

UAM 사업의 관점에서 본다면 기존의 항공사, 자동차 제조사, 모빌리티 서비스업체들과는 다른 사업 전략을 수립하고 운영 체계를 구축해야 할 것이다.

현재 국내에 나온 UAM 도서들은 그리 많지 않고, 대부분 UAM 산업에 대한 전망을 다루거나 업체를 소개하는 데 그친다. 물론 UAM에 대한 사람들의 인식을 넓히고 대중화하는 데는 필요한 내용이다.

그러나 이 책은 UAM 기본 개요를 다루는 동시에, 사업 전략과 운영 모델 그리고 사업 확대 방안과 전망을 중심으로 구성했다. UAM 사업의 실현 가능성과 사업의 성공에 필요한 핵심 역량, 기존 사업과의 융합 가능성, UAM 사업을 준비하고 있는 핵심 기업, UAM 항공기 개발업체와 인프라 개발업체 그리고 국내 주요 기업의 현황에 대해서도 간단히 정리했다.

성공적인 UAM 사업 모델 개발을 통해 사업 성장과 수익을 창출하고, 궁극적으로 새로운 모빌리티 라이프를 제공하는 데 이 책이 조금이라도 도움이 되길 바란다.

이정원

UAM 용어
살펴보기

UAM/RAM/AAM란?

UAM은 Urban Air Mobility의 약자로 직역하면 도심항공 모빌리티라는 뜻이다. 도심 내에서 이착륙이 가능한 항공기를 타고 목적지로 이동하는 것을 의미하지만, 도시 간 이동까지 포괄하는 개념이라 할 수 있다.

RAM Regional Air Mobility은 도심 내 이동보다는 지역 간 이동을 의미하는데, UAM과의 차이점은 이동 거리와 운영 인프라다. 지역 간 이동을 위해서는 UAM 기체의 운항 거리가 더 길고 이착륙지인 버티포트의 크기도 더 커야 한다.

최근에는 UAM과 RAM을 포괄하는 개념으로 AAM Advanced Air Mobility, 첨단 항공 모빌리티가 있다. 도심 내 이동과 지역 간 이동을 완벽하게 구분하는 것이 아니라 내외부 환경에 맞춰 최적의 항공 모빌리티를 구현하는 것이라고 할 수 있다. NASA에서 처음 제시한 용어인데, 현대자동차그룹도 AAM 개념으로 조직을 재편하면서 사업 실현에 속도를 내고 있다.

UAM 항공기에는 무엇이 있을까? (eVTOL과 eSTOL)

UAM 항공기라면 가장 쉽게 떠오르는 드론형의 비행기를 eVTOL이라 하는데, Electric Vertical Take Off Landing의 약자로, 전기 수직 이착륙 항공기다. 도심에서 활주로 없이 수직으로 이착륙해야 해서 지금의 드론형 비행기인 eVTOL이 UAM 항공기의 대표적인 이미지가 되었다.

eSTOL Electric Short Take Off Landing 은 단거리 이착륙이 가능한 항공기로, 이착륙을 위해 짧은 활주로가 필요하다. 수직 이착륙을 위해 많은 에너지가 필요한 eVTOL에 비해 eSTOL은 짧은 활주로를 이용해 적은 에너지로 이착륙이 가능하며, 동일한 고전압 배터리 용량 기준으로 eVTOL보다 운항 거리가 길다는 강점이 있다. 탑승객도 eVTOL보다 많다. 현재까지 eVTOL의 탑승객은 4~6명으로 보고 있는데, eSTOL의 대표 업체인 일렉트라 에어로에서 개발 중인 항공기는 8명까지 탑승이 가능하다고 한다.

eSTOL은 UAM보다는 RAM에 더 적합한 모델로, 활주로가 필요한 만큼 도심 내에서 운영하기에는 현실적으로 쉽지 않을 것이다. 다만 eSTOL은 기존의 공항 인프라를 사용할 수 있기 때문에 추가적인 인프라 건설을 최소화할 수 있고 지방 공항의 활용성도 높일 수 있을 것이다.

UAM/RAM을 포괄하는 AAM의 콘셉트에 따라 eVTOL과 eSTOL은 혼용되어 사용될 것으로 보인다. 예를 들어 도심 내 이동은 eVTOL을 운영하고 지역 간 이동에는 eSTOL을 운영하면서 이동 거리와 거점에 따라 최적화된 UAM 항공기를 운영하면 항공 모빌리티의 사업성은 높아질 것이다.

UAM 공항은 어떻게 운영될까? (버티포트와 버티허브)

UAM 항공기들이 이착륙하고 사람들이 탑승할 수 있는 공간과 항공기를 충전하고 간단히 정비할 수 있는 시설을 그 크기와 기능에 따라 버티포트Vertiport와 버티허브Vertihub로 구분할 수 있다.

버티포트는 eVTOL의 이륙과 착륙, 고객 탑승과 하차 공간, 충전, 정비를 위한 거점이다. 활주로가 필요 없어서 기존 공항에 비해 상대적으로 작은 공간에도 구축할 수 있다. 건물 위에 구축할 수도 있지만, 안전상으로 제약이 따를 것이다. 건물 위 버티포트는 향후 UAM 서비스가 상용화됐을 때 단거리 이동용으로 구축될 가능성이 높다.

버티허브는 버티포트보다는 큰 규모로, 도심 내 이동을 위한 eVTOL 이착륙장과 활주로를 갖출 수 있는 거점으로, 전 지역을 커버할 수 있는 진정한 항공 모빌리티 서비스를 제공할 수 있다.

따라서 도심에 버티허브를 구축하는 것은 부지 확보와 경제성 측면에서 쉽지 않을 것이다. 초기 UAM 서비스는 버티포트를 중심으로 운영될 것이며, 버티허브는 지역 공항의 인프라를 활용하여 구축될 가능성이 크다. UAM 사업이 상용화된다면 버티허브와 지방 공항과의 거점 통합도 큰 의미가 있을 것이다.

무엇보다 이동에 대한 데이터와 경제성부지 확보에 대한 분석을 바탕으로 초기 버티포트를 구축해야 한다. UAM에 대한 정부 정책과 규제는 UAM/RAM 사업 운영을 위한 선결 과제로 정부와 기업 간에 충분한 협의를 거쳐 안전과 사업성을 모두 고려하여 세워야 한다. 현재도 명확한 기준과 전례가 없어서 FAA Federal Aviation Administration 와 EASA European Union Aviation Safety Agency 가 준비 중인 사항을 참고할 것으로 생각된다.

국내에서는 서울 '잠실 스포츠/MICE 복합 공간 조성 민간 투자 사업' 지역에 다양한 시설이 건설될 예정으로, 여기에 버티포트도 건설될 것으로 보이며 한화 컨소시엄이 개발 우선 협상 대상자로 선정되었다. 이외에도 현대자동차그룹에서 여의도 공원이나 용산에 UAM 연구 시설과 버티포트 운영 목적의 거점을 구축할 것으로 예상되고 있다.

국토교통부의 발표 자료에 따르면 UAM 실증 노선은 안전 등을 고려하여 주로 강 위로 선정하고 있다. 1단계는 아라뱃길로 준도심에서의 안정성을 검증하는 것이고 2단계는 한강으로 UAM의 공항 지역과 한강 회랑을 실증할 예정이다. 3단계는 탄천으로 본격적인 도심 진출을 위한 실증을 준비 중이다.

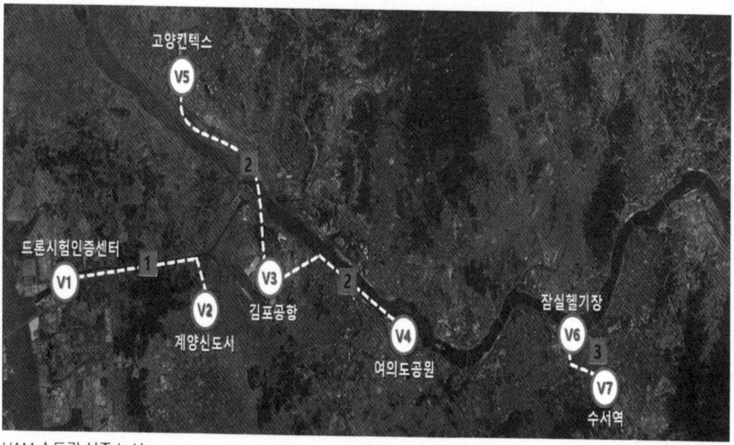

UAM 수도권 실증 노선

(출처: 국토교통부)

UAM 교통 관리 체계는 어떻게 구성되어 있을까? (UATM)

UATM은 Urban Air Traffic Management의 약자로, UAM 서비스 운영을 위한 교통 관리 체계다. 즉, UAM 항공기들의 이동 경로를 설정하고 이착륙을 승인하며 교통 정보를 안내하는 등 UAM 서비스 운영을 위한 관제 시스템이라 할 수 있다. UAM 항공기들이 운항할 때 항로가 중첩되지 않도록 이동 경로를 설정하고, 기상 정보, 이착륙 지연 등의 특이사항이 발생했을 경우 신속하게 대응하며, 파일럿과 다른 UAM 항공기들의 운항을 지원한다. 특히 안진과 서비스 운영 관리를 위해 중요한 역할을 수행하기 때문에, UAM 사업이 성공적으로 정착되려면 UATM의 역할을 강화하면서 서비스 개선을 위한 노력을 기울여야 한다.

UAM 교통 관리 체계의 구성은 다음과 같이 정리할 수 있다.

1) PSU(Provider of Service for UAM): UAM 교통 관리 서비스 제공자로, UAM의 교통 흐름 관리, 비행 계획 승인, 항로 이탈 모니터링을 담당하며 UAM 운영 지역의 전반적인 항로 흐름을 관리하는 역할이다.

2) UAM 에어 오퍼레이터(Air Operator): UAM 운영자로, UAM 비행 계획을 수립하고 운송 서비스를 제공하는 역할을 한다.

3) 버티포트 운영자: 버티포트 혹은 버티허브를 거점별로 운영하고 전반적인 시설을 관리한다.

4) SDSP(Supplemental Data Service Provider): UAM의 운항 지원 정보 제공자로, 기상, 소음, 장애물 및 지형 등에 대한 정보를 확인하여 제공하는 역할을 한다.

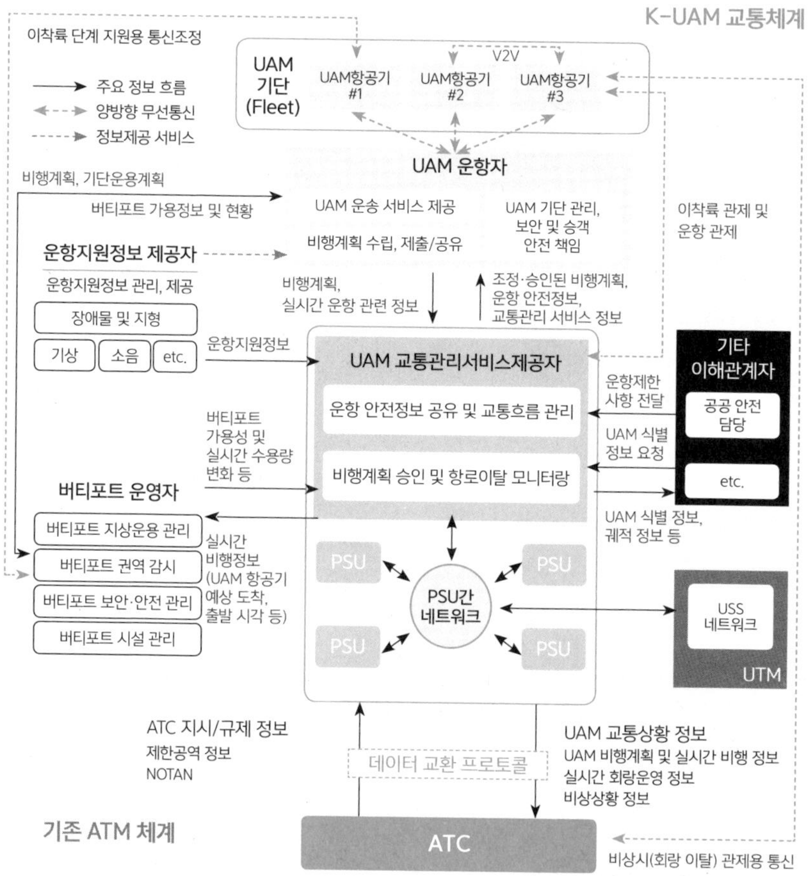

(출처: 국토교통부)

안정성과 사업성 관점에서 최적화된 UAM 서비스 운영을 위해 체계적인 관제 시스템을 구축해야 한다. UATM이 제대로 구축되지 않으면 운영상의 리스크는 상승하고 수익성/고객 경험 관점에서 사업적인 매력도는 떨어질 것이다.

차 례

1장 UAM 사업의 실현 가능성과 성공을 위해 무엇을 준비해야 하는가?

2장 기존 사업과의 융합을 통한 새로운 사업 기회는 무엇인가?

3장 UAM 시대를 준비하는 기업 사례를 보면 사업이 보인다

1장

UAM 사업의 실현 가능성과 성공을 위해 무엇을 준비해야 하는가?

1

글로벌 UAM 사업 동향을 먼저 살펴보자

UAM이 대중적으로 알려지기 시작한 건 2~3년 전이지만, UAM 항공기 제작업체들의 업력을 살펴보면 이미 한참 전부터 진행되었다는 걸 알 수 있다. 가장 대표적인 UAM 항공기 제작업체인 조비는 2009년에 설립되었는데, 2019년에야 UAM 항공기 시제기를 개발했다.

그 후로 2020년에는 토요타가 조비에 약 3억 5,000달러를 투자하면서 두 회사 간에 전략적인 협업 체계가 구축되었다. 그 외에도 2017년에 설립된 베타, 2015년에 설립된 릴리움 등 많은 업체에서 UAM 사업을 개발하고 있다.

무엇보다 중요한 점은 UAM 사업의 성장 가능성과 이를 바탕으로 새로운 비즈니스 기회가 창출될 미래의 전망을 예상하고, 많은 글로벌 기업에서 전략적 파트너십이나 투자를 통해 이 사업에 참여하고 있다는 것이다. 아마존, 토요타, 보잉, 텐센트, 현대자동차, 다임러 등 누구나 아는 글로벌 기업의 참여와 투자는 UAM 사업의 실현뿐만 아니라 서비스 대중화를 촉진할 것이다.

사실 이미 UAM 시장의 성장률은 굉장히 높아질 것으로 예측되고 있다. 모건스탠리는 전 세계 UAM 시장 규모가 2021년부터 연평균 30% 이상 성장해서 2040년에는 1조 5,000억 달러, 한화로 약 1,994조 원 규모가 될 것으로 전망하고 있다.

한편 국내의 사업 상황을 살펴보면, 국토교통부가 주관한 다양한 컨소시엄을 통해 UAM 상용화를 준비하고 있다. 먼저 2025년에 UAM을 상용화하기 위해 구성된 민관 협의체인 UAM 팀 코리아에는 현대자동차, 한화시스템, 대한항공, SK텔레콤, KT, 카카오모빌리티, 현대건설 등 민간 기업을 포함해 약 47개의 기관이 참여하고 있다.

또한 국토교통부에서는 UAM 조기 상용화를 위한 주요 정책 방향으로 UAM 관련 법 제정, 상용화 실증 사업 및 시범 사업의 추진, UAM 핵심 기술의 연구 개발 계획 수립 등을 제시하고 있다.

더 나아가 국토교통부는 2022년 2월에 한국형 도심항공교통K-UAM 그랜드챌린지를 개최했다. 이는 국내에서 UAM을 2025년에 상용화할 수 있도록 도심 여건에 맞는 UAM 비행체를 개발하고 그 안정성을 관리하며, 교통관리 기능 시험 등을 통합하여 운영하기 위한 실증 프로그램이다. K-UAM 그랜드챌린지는 국토교통부가 주최하고 한국항공우주연구원이 주관하며, 참가 대상은 잠재적 UAM 운항사, 기체 제작사, 교통관리 제공자, 버티포트 건설 및 운영자 및 관련 연구 개발 기관 등이다. 현재 그랜드챌린지에 참여하는 기업들은 다음과 같다.

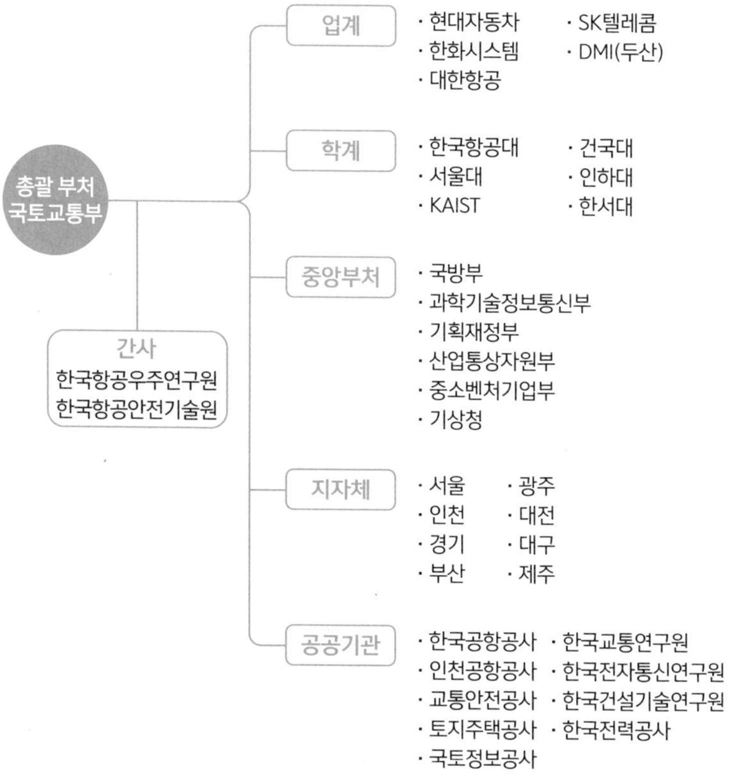

경상남도, 전라남도, 강원도, KDB, 한국항공우주산업(KAI), KT 등은 현재 참여를 신청한 상태로, 협의체가 발족되어 운영되면 이후 협의체의 논의를 거쳐 참여 여부를 결정할 예정임.

UAM 팀 코리아 조직도 (출처: 국토교통부)

< K-UAM 그랜드챌린지 참여 기관 >

o (대한항공·인천국제공항공사 컨소시엄) 운항사, 교통관리 사업자, 버티포트 운용 시스템 국산화 개발 및 통합 실증을 통한 검증

- (기체·운항) 대한항공(항공우주연구원-한국, 개인형 자율비행기/OPPAV), (교통관리) 인천국제공항공사, (버티포트) 인천국제공항공사

o (UAM조합컨소시엄) 항공·드론 분야 국내 중소기업으로 시뮬레이션 S/W 통합 운영 실증

- (기체·운항) 도심항공모빌리티산업기술연구조합 등(Autoflight-독일/prosperity), (교통관리) 다보이앤씨 등, (버티포트) 드론 시스템 등

o (현대자동차·KT컨소시엄) UAM 운항 및 교통관리 서비스 플랫폼, 버티포트 설계 최적화를 통해 도심형 버티포트 구축 기반 마련 등 통합 운영 실증

- (기체·운항) 현대자동차·대한항공 등(항공우주연구원-한국, 개인형 자율비행기 /OPPAV), (교통관리) KT, (버티포트) 현대건설 등

o (K-UAM 드림팀) 자체 개발 교통관리 운용 시스템과 'T' 모빌리티 연계 서비스 제공, 전 세계 최초 UAM용 5G 상공망 구축, 3차원 지리 정보·도심 기상 예측 등 통합 운영 실증

- (기체·운항) SKT(Joby aviation-미국, S4), (교통관리) 한화시스템 등, (버티포트) 한국공항공사 (부가 정보) 3차원 공간 정보·기상(LX, 기상산업기술원)

o (UAM 퓨처팀) MaaS 플랫폼 기반 고객 성향에 맞는 미래 모빌리티 3차원 여정 제공, 5G 통신을 중심으로 한 지능형 교통관리, 승객용 엔터테인먼트 서비스 등 통합 운영 실증

- (기체·운항) 카카오모빌리티(Vertical aerospace-영국, VX4), (교통관리) LG U+ 등, (버티포트) GS 건설 등

o (롯데컨소시엄) 자율주행셔틀을 연계한 심리스(Seamless) 모빌리티서비스 시나리오 실증, 버티포트 연계 통합 운영 실증

- (기체·운항) 민트에어(Jaunt-캐나다, Journey), (교통관리) 롯데정보통신 등, (버티포트) 롯데렌탈 등

o (대우건설·제주컨소시엄) 건축물 구조검토 등 버티포트 구축 기반 마련, 최적의 버티포트 입지 선정을 위한 복합 개발 및 스마트 시티 모델 통합 운영 실증

- (기체·교통관리) 제주항공(Beta technologies-미국, Alia 250), (교통관리) 대우건설 등, (버티포트) 대우건설 등

o (단일분야) 플라나, 볼트라인(기체·운항), 켄코아, 로비고스, 파인브이티(교통관리)

출처: 국토교통부

오랜 시간 UAM 항공기를 개발하면서 UAM 사업에까지 뛰어든 조비, 오버에어, 버티컬 에어로스페이스와 같은 기업과 이러한 업체에 투자하고 제휴를 맺고 있는 글로벌 기업 그리고 정부 기관까지 사업에 참여한 것을 보면 UAM 사업의 실현은 시간문제라 할 수 있다.

또한 서비스 상용화에 대한 전망도 긍정적으로 보인다. 새로운 사업 모델이 성공하려면 기존에 없던 새로운 변화와 혁신도 중요하지만, 안정적으로 운영하고 유지할 수 있는 기반이 필요하다. UAM 사업 실현 가능성이 높은 가장 큰 이유는 여러 기업의 지속적인 관심 가운데 안정적으로 투자가 이뤄지고 있으며 정부의 지원이 있기 때문이다. 특히 정부와 민간 기업이 참여하여 운영 중인 UAM 팀 코리아와 K-UAM 그랜드챌린지는 UAM 사업 실현과 상용화에 큰 역할을 할 것이다. UAM 사업을 실현하는 데 기술력이 무엇보다 중요하겠지만, 가장 큰 쟁점은 정부 규제 및 정책의 수립이다. 이에 관해서는 민간 기업들의 역할은 제한적일 수밖에 없다. 정부가 적극적으로 UAM 사업을 실현하고 싶다면, 사업 운영에 걸림돌이 될 만한 무리한 규제와 정책은 완화해야 한다.

사업 안정성과 성장성을 확보할 수 있도록 정부의 주도로 균형 잡힌 정책과 규제가 수립되고, 현대자동차, 한화시스템, SK텔레콤과 KT 등 국내 주요 대기업의 투자와 기술력이 뒷받침된다면, UAM 사업의 실현은 먼 미래의 일이 아닐 것이다. 물론 새로운 사업을 시작할 때 기존의 계획보다 지연되는 상황은 흔히 일어나는 일이지만, 2025년 이후에는 구체화된 UAM 사업 계획을 볼 수 있을 것이다.

2

UAM 상용화를 위해 해결할 과제는 무엇인가?

물론 실제 UAM 서비스의 상용화를 위해서는 많은 장애물과 어려움이 있을 것이다. 기술력, 안정성, 수익성 그리고 사람들의 인식 개선까지, 풀어야 할 숙제가 많다. 이런 문제를 해결하려면, 정부와 기업이 협력하여 사람들에게 더 나은 모빌리티 라이프를 제공한다는 목표 아래, UAM 사업 실현과 운영을 위한 기술 개발, 정책 및 서비스 개선 등이 수반되어야 한다.

현재 UAM 항공기 개발을 선도하는 핵심 업체는 시제기를 발표하고 기체의 성능이 어떤지 선보이고 있지만, 항공기가 양산되기 시작하면 기체의 일관된 성능이 더욱 중요하다. 아직 양산에 성공한 업체가 없는 상황에서 기술력을 일관되게 유지하는 것은 굉장히 중요한 과제로 보인다.

UAM 서비스의 안정성도 마찬가지다. 수만 번의 시험 비행으로도 서비스에 대한 안정성을 담보할 수 없다. 실제로 UAM 항공기가 하늘을 날면 예측하기 어려운 수많은 변수와 마주칠 것이다. 이러한 상황에서 UAM 탑승객과 항공기가 다니는 항로 아래에 있는 사람들의 안전을 100% 보장하기 위해서는 UAM 항공기의 품질을 반드시 확보해야 한다.

이는 곧 UAM 서비스에 대한 사람들의 인식 전환으로 이어진다. 카카오모빌리티의 택시 호출 서비스를 일상적으로 이용하는 사람들이라면 이제는 호출 서비스 없이 택시를 타기가 낯설 것이다. UAM 사업이 성공하기 위해서는 사람들에게 UAM 서비스의 안정성과 편리성에 대한 확신을 주어야 할 뿐 아니라, 앱으로 택시를 호출하고 음식을 주문하는 것처럼 일상 속 서비스가 되어야 한다. 그러기 위해서는 UAM 서비스가 얼마나 안전하고 편리한지 지속적으로 홍보하고, 실제로 서비스를 이용하는 사람들이 그러한 경험을 할 수 있도록 사업 모델을 정립해야 한다. 이러한 인식 전환에 성공해야 UAM 서비스는 일상 서비스로 자리매김할 수 있을 것이다.

한편 서비스 상용화에 성공하더라도 수익성이란 커다란 과제가 남아 있다. 사업의 최종적인 목적은 돈을 버는 것이다. 혁신적인 서비스를 만들고 사람들에게 사랑받는다고 한들 결국 돈을 벌지 못하면 아무 소용이 없다. 초기 투자비뿐만 아니라 사업을 운영하는 데 드는 직접비와

기술력	UAM 항공기의 운항 거리, 속도, 소음 등 서비스 상용화에 적합한 수준을 만들 수 있는가?
안정성	항공기 문제, 기상 이슈 등의 상황에서도 서비스에 대한 안전성을 유지할 수 있는가?
수익성	UAM 사업에 드는 직접비와 간접비를 상쇄할 만한 사업 손익을 창출할 수 있는가?
인식 전환	UAM 서비스의 안전성과 편리성에 대해 사람들에게 믿음을 줄 수 있는가

간접비를 상쇄할 만한 매출과 수익을 거둬야 사업을 지속할 수 있다.

물론 사업 초기부터 수익을 내야 한다는 말은 아니다. 그럴 수도 없다. 그러나 어느 정도 사업이 안정화된 시점부터는 적자에서 벗어나서, 당기순이익까지는 아니더라도 영업이익 면에서는 흑자를 거두어야 한다. 외부 투자가 필요한 사업은 중장기적 관점에서 지속되기 힘들고 늘 위기 속에서 사업을 운영해야 하므로, 수익 확보는 더욱 중요한 문제다.

기체의 일관된 성능, 서비스 안정성, 인식 전환, 수익성이라는 4가지 과제 외에도 사업 상용화 과정에는 수많은 장애물이 있을 것이다. 쉬운 길은 아니지만, 현재 UAM 사업의 진행 상황을 살펴보면 성장 가능성은 충분히 긍정적이다.

중요한 것은 UAM 사업을 주도하는 업체에는 스타트업뿐만 아니라 전 세계적으로 사업을 운영하는 글로벌 기업도 포함되어 있다는 점이다. 이들이 협업한다면 UAM 사업을 상용화하기 위해 극복해야 하는 과제를 해결할 만한 충분한 역량과 자본을 보유할 수 있다. 그러므로 명확한 방향성과 전략이 있다면 UAM 사업의 성공은 어렵지 않을 것이다. 게다가 정부 기관까지 이 사업의 상용화에 나서는 것을 보면 그 가능성은 더 높다.

UAM 서비스가 지금의 모빌리티 서비스를 새로운 단계로 넘어가게 할 혁신적인 사업이라 판단하고 수많은 기업과 정부 기관이 참여한 만큼, 사업의 성공 가능성은 매우 높아졌다.

다음으로 준비해야 할 사항은 어떤 사업 모델을 택할 것인지 결정하고 성공적인 사업 운영과 지속 성장을 위한 사업 전략을 세우고 이를 위한 핵심 역량을 확보하는 것이다.

3

UAM 사업 모델에는 어떤 것이 있을까?

UAM 사업 모델은 크게 4가지로 구분할 수 있다. 먼저 UAM을 생산하고 판매하는 사업 모델이다. UAM 생산업체가 확보해야 할 핵심 역량은 UAM 항공기를 제조하는 능력이다. 즉, 승객을 태울 수 있는 적절한 크기, 운항 속도, 항속 거리, 생산 비용, 소음 등에서 경쟁 우위를 지녀야 하며, 당연히 품질 안정성도 확보해야 한다. 사업 초기에는 생산 비용을 낮추는 것보다 이러한 요인이 더욱 중요할 것이며, 이후 본격적으로 항공기가 양산되기 시작되면 양산 능력을 확보하고 생산 비용을 절감하는 과제가 더욱 중요해질 것이다. 대표적인 UAM 항공기 개발업체로는 미국의 조비, 베타, 아처, 영국의 버티컬, 독일의 릴리움과 볼로콥터 그리고 중국의 이항 등을 꼽을 수 있다.

두 번째로, UAM을 생산하면서 UAM 서비스를 제공하는 사업 모델이다. 대표적인 기업으로 현대자동차그룹-슈퍼널, 오버에어-한화시스템-카렘 에어크래프트를 들 수 있다.

그중에서도 현대자동차그룹은 2020년 6월 미국에 자회사인 제네시스 에어 모빌리티를 설립하고, CEO로 NASA의 항공연구총괄본부를 이끌었던 신재원 박사를 선임하면서 본격적으로 UAM 사업에 참여했다. 2021년 11월에는 회사명을 슈퍼널로 변경했다. 본사는 워싱턴 DC에 있는데, 슈퍼널에서 UAM 설계와 생산을 담당하고 서비스를 운영하는 역할은 현대자동차그룹이 맡을 확률이 높다. 물론 미국에서는 슈퍼널이 그 역할을 할 수도 있지만, 국내에서는 현대자동차그룹이 서비스를 운영할 것이다.

마찬가지로 오버에어는 미국의 방산 기업인 카렘 에어크래프트와 한화시스템이 2020년에 설립한 회사로, 현재 eVTOL을 생산하기 위해 준비 중이다. 오버에어가 성공적으로 eVTOL을 생산하면 국내에서는 한화가 UAM 서비스 운영업체의 역할을 맡을 것이다.

UAM을 생산하면서 서비스를 제공하는 사업 모델은 앞서 말한 UAM 생산 능력 외에도 UAM 서비스를 운영하는 능력이 굉장히 중요하다. 버티포트 운영, UAM 서비스 플랫폼, UAM 항공기 유지 보수까지, UAM 사업의 A부터 Z까지 모든 것을 수행해야 한다. 물론 쉬운 사업 모델이 아니기 때문에, 사업 영역별로 나뉘어 운영될 가능성도 높다. 예를 들어 슈퍼널은 UAM 항공기를 생산하고, 현대건설은 버티포트를 건설하며, 현대자동차그룹은 UAM 운항 사업을 하는 것이다. 어떤 구조이든 사업 운영을 통해 수익을 창출해야 하므로, UAM 생산부터 서비스 운영까지 최적화된 사업 구조를 구축해야 한다.

세 번째로, UAM 제작사로부터 eVTOL이나 eSTOL을 구입한 후 UAM 서비스를 제공하는 UAM 운항 사업 모델이다. 예를 들면 대한항공, 아시아나항공과 같은 항공사나 자동차 렌털업체와 같은 사업 모델이라고 보면 된다. UAM을 활용한 모빌리티 서비스를 B2C나 B2B로 제공하여 수익을 창출하는 구조로, UAM 항공기 제작업체와의 협업과 서비스 운영 역량이 중요하다. UAM 사업의 핵심 역량에서 기술하겠지만, 버티포트를 운영하는 주체를 결정하는 것이 UAM 운항사로서는 어려운 과제가 될 것이다. UAM 항공기보다 더 많은 투자가 필요한 버티포트나 버티허브를 UAM 운항사들이 직접 운영할지, 아니면 거점 내에서 운항 서비스만 제공할지 면밀한 검토가 필요하다.

마지막으로 버티포트, 버티허브와 같은 UAM 지상 거점을 건설하는 사업 모델이다. 이는 UAM 제조나 서비스 플랫폼과는 다른 영역으로, 건설사의 설계 및 건축 역량이 중요하기 때문에 기존의 건설사나 신규 업체가 중심이 되어 사업에 참여할 것이다. 물론 UAM 서비스가 새로운 사업이기에, 서비스 운영이라는 관점에서 프로세스를 최적화하고 이를 위한 공간을 설계하려면 UAM 운항사와 긴밀하게 공조해야 할 것이다.

한편 사업 초기에는 버티포트 설계, 개발, 디자인에 특화된 인프라

업체들이 이 사업을 선도하겠지만, 점차 기존 건설사들이 사업 영역을 확장하여 참여할 것이다. 건설업체로서는 새로운 사업 기회이므로, 거점 설계와 건설뿐만이 아니라 UAM 운항사들과 협업하여 직접 버티포트나 버티허브를 운영할 가능성도 높다. 향후에 UAM 서비스가 상용화된다면 버티포트 건설은 부동산 사업에도 큰 영향을 미칠 수 있기에, UAM 지상 거점의 직접 운영권은 건설사로서는 굉장히 매력적인 사업이 될 것이다.

UAM 사업에 진출하거나 관련 기업에 투자하는 것을 고민한다면, 어떤 사업 모델이 가장 경쟁력을 가지고 있을지 궁금할 것이다. 그러나 기업마다 가지고 있는 자본력, 기술력, 사업 역량이 다르므로 각 기업의 상황에 따라 UAM 산업에서 경쟁 우위를 차지할 수 있는 사업 모델을 선택해야 한다.

항공기 개발부터 서비스 운영까지 UAM 사업의 모든 영역을 아우른다면, 사업적으로 최적화된 운영 체계를 구축하고 장기적으로 UAM 산업에서 확고한 경쟁력과 기반을 다질 수 있을 것이다. 하지만 초기에 엄청난 비용과 시간을 투자해야 하며, 이미 항공기 생산, 버티포트 건설 등을 준비하고 있는 기업에 비해 사업에 진출하는 시기가 늦어질 수 있다.

UAM 항공기는 다른 생산업체에서 구매하고 운항 서비스만 제공할 경우에는, UAM 항공기 개발과 생산에 대한 부담 없이 사업을 시작할 수 있을 것이다. 물론 운항 서비스를 통해 수익을 창출할 수 있지만,

UAM 항공기의 품질 관리와 정비 역량을 자체적으로 확보하기가 어려울 것이다. 따라서 UAM 생산업체와 긴밀하게 협업해서 이를 보완해야 한다. 현재 항공사와 비슷한 사업 구조가 되겠지만, UAM과는 서비스 이용 목적과 활용성에 차이가 있기 때문에 곧 독자적인 전략을 세울 필요가 있다.

결론적으로 어떤 사업 모델이 우수한가에 대한 정답은 없다. 자본력과 모빌리티 사업 역량을 충분히 갖춘 기업이라면, UAM 항공기를 직접 생산하거나 우수한 UAM 생산업체를 인수한 후 UAM 사업의 모든 영역을 담당할 수도 있을 것이다. 반대로 UAM 사업의 초기 투자와 생산에 드는 비용이 부담스럽다면, 우수한 UAM 생산업체와 제휴를 맺어 항공기를 구매하고 운항 서비스에 초점을 맞출 수도 있다. UAM 항공기와 운항 서비스를 개발하는 것을 부담스럽게 여기기 쉬운 건설사는 버티포트 건설에만 집중해 확고한 경쟁 우위를 선점할 수도 있다.

사업 모델	항공기 개발	인프라 설계/구축	운항 서비스
항공기 생산	●		
인프라 구축		●	
서비스 운영			●
생산+인프라+서비스	●	●	●

그러므로 기업이 현재 가지고 있는 자본과 역량을 명확히 분석해서 최적화된 사업 모델을 선택할 필요가 있다. 분명한 것은, 많은 자산을 투자해야 하는 신사업은 실패할 확률도 높기 때문에 긍정적인 전망과 의지는 뒤로하고 냉철한 환경 분석을 거쳐 사업 모델을 선택해야 한다는 점이다.

4

UAM 사업 성공을 위한 핵심 역량은 무엇인가?

UAM 사업의 성공을 어떻게 정의할 수 있을까? 단순한 정의라면, UAM 서비스 상용화를 통해 수익을 창출하는 것이다. 여기서 수익을 창출한다는 의미는 그만큼 서비스에 대한 고객의 수요가 있다는 뜻이며, 수요가 늘면 사업은 확장되고 더욱 고도화될 수 있다. UAM이라는 새로운 이동 수단과 서비스가 사회에 정착되면 기존에 없던 모빌리티 라이프와 주거 환경이 생겨나고, 사람들의 일상에서도 변화가 일어날 것이다.

그렇다면 UAM 사업을 성공적으로 운영하기 위해 어떤 핵심 역량을 갖춰야 할까? 여기서는 사업 모델별이 아니라 UAM 사업의 전체적인 관점에서 UAM 사업에 핵심적인 역량이 무엇인지 기술해보겠다.

UAM 사업을 운영하려면 무엇보다 UAM 생산 능력이 가장 중요할 것이다. 여기서 생산 능력은 항공기를 생산하는 능력만을 뜻하는 것이 아니다. UAM의 운항 속도, 항속 거리, 소음 등 UAM 항공기의 성능과 안정성 그리고 크기와 실내 공간까지 고려한 설계를 비롯하여 항공기 개발 역량, 사업 운영을 위한 현실적인 제조 원가를 맞추는 것까지를 포함한다.

게다가 시제기 이후로 본격적인 양산 체계를 구축하기 위해서는 생산 기술 및 관리 역량도 필요하다. 아무리 좋은 UAM 항공기를 개발해도 이를 양산해내지 못하면 아무 의미가 없다. 실제로 많은 업체에서 전기차 생산에 참여했지만, 양산까지는 하지 못하고 포기하거나 무너진 업체가 대다수였다. 현재 중국을 제외하고 글로벌 전기차 시장에서 압도적인 1위를 차지하며 전기차업계를 선도하는 테슬라 역시 양산 초기에는 생산 지옥에 빠졌고, 이를 극복하기 위해 많은 노력이 필요했다.

한편 양산 이후에도 지속적인 품질 관리를 통해 UAM 항공기 성능과 품질을 개선하기 위해 끊임없이 노력해야 하고, 이는 다음 모델의 성능과 품질을 개선하는 데 바탕이 될 중요한 데이터다.

수많은 UAM 생산업체 중 이러한 역량을 갖춘 회사가 과연 얼마나 될까? 시제기 이후에 양산까지 성공하는 업체는 현재 투자를 받아 생산을 준비하고 있는 업체 중 30%도 안 될 것이다.

그러나 이 책에서는 UAM 생산 역량에 대해서는 더 이상 기술하지 않을 것이다. 이 부문은 개인이 의견을 내기가 어려운 영역이기 때문이다. UAM의 생산 역량은 생산업체의 설계, 개발, 생산 능력뿐만 아니라 얼마나 많은 투자를 받을 수 있는지, 제조사들과의 협업 체계를 얼마나 잘 구축할 수 있는지에 따라 달라질 것이다.

뿐만 아니라 UAM 사업이 성공하려면 정부 정책과 규제가 뒷받침되어야 한다. UAM 사업을 운영하기 위해서는 현실적이면서도 적합한 정책이 수립되지 않으면 단순히 실증 사업에 그칠 수도 있다.

그러므로 UAM 사업을 할 수 있을 만큼 UAM 항공기가 개발되어 양산되며 국가마다 UAM 사업 운영을 위한 적합한 정책과 규제가 수립됐다는 가정하에, 성공적인 사업 운영을 위한 핵심 역량이 무엇인지 기술할 것이다.

UAM 서비스 플랫폼 구축	초연결 모빌리티 생태계 조성과 최상의 고객 경험 제공
데이터 기반 UAM 항공기 관리	서비스 가동율 극대화를 위한 항공기 품질 관리
핵심 인력 육성	파일럿, 하이테크 기술 인력
버티포트 운영 관리	고객/사업 관점에서의 거점 운영 모델 기획

5

결국 UAM 서비스는 플랫폼으로 연결된다

UAM 사업의 성공을 위해서는 사람들의 이동에 초점을 맞춰 누구나 쉽고 편안하게 서비스를 이용할 수 있도록 이상적인 플랫폼을 만들어야 한다. 이상적인 플랫폼이란, UAM 서비스의 예약부터 항공기에 탑승해서 도착지에 내리는 전 과정에서 최상의 고객 경험을 제공할 수 있게끔 프로세스를 구현하는 것을 의미한다.

이를 위해서는 다음과 같이 온라인과 오프라인에서 긍정적인 고객 경험을 제공할 수 있어야 한다.

☞ 온라인 경험

고객들이 편하게 서비스를 조회하고 예약할 수 있는 웹/모바일 환

경 구축하기

☞ 오프라인 경험

UAM 거점(버티포트/버티허브)에 도착해 UAM 항공기에 탑승해서 내리는 순간까지 불편함 없이 신속하게 이동할 수 있는 공간 구성과 프로세스 설계

이때 UAM 운항 경로상의 출발과 도착 여정만을 고려해서는 안 된다. 최초 출발지에서 최종 도착지까지, 고객의 관점에서 어떻게 더 편안하고 빠르게 이동할 수 있을지 검토해야 한다. 버티포트에서 버티포트로, 중장거리로만 이동할 수 있는 UAM 서비스의 한계를 극복하기 위해서는 다른 교통수단과의 연계가 중요하다. 그러려면 초연결 모빌리티 생태계를 형성해야 한다.

1) 온라인 서비스 경험

온라인 서비스 경험의 시작은 UAM 서비스 이용을 위한 실시간 항공편 조회, 예약, 결제, 취소 등 모든 고객 여정에서 우수한 UI(User Interface)/UX(User Experience)가 구현된 웹 및 모바일 앱을 개발하는 것이다. 이 부문은 이미 플랫폼 비즈니스가 만연하여 뛰어난 역량을 보유한 개발업체와 우수 사례가 많으니, 그다지 어려운 일은 아닐 것이다.

더 중요한 일은 고객 친화적이면서도 사업 운영에 도움이 되는 서비스 전략과 정책을 수립하는 것이다. UAM 사업 초기에는 고속철도

는 물론 단거리 여객기보다 더 높은 요금이 책정될 확률이 높다. 더군다나 UAM 항공기는 일반 여객기와 비교할 수 없을 정도로 좌석 수가 적기 때문에(초기 모델의 경우 파일럿을 제외하면 6명이 최대일 것으로 보인다) 좌석 이용률이 100%가 아니면 사실상 사업을 지속하기는 어렵다. 그러므로 초기에 서비스 이용의 접근성을 높이는 것이 굉장히 중요하다. 많은 항공사에서 운영하는 얼리버드 정책이나 구독형 상품을 통해 서비스에 대한 사전 수요를 확보할 필요가 있으며, 이를 위해 적정 수준의 가격 정책과 멤버십 프로그램을 개발해야 한다.

이러한 서비스 정책을 이해하기 쉽고 투명하게 만들어 UAM을 이용하려는 사람들에게 알리고, 지속적으로 양방향 커뮤니케이션을 활성화하는 것도 중요하다.

또한 B2B를 대상으로 하는 서비스 상품을 개발하여, B2C에서 B2B까지 각 니즈에 맞게 다양한 서비스 상품을 제공하여 UAM 서비스에 대한 고객군을 확대할 필요가 있다.

나아가 서비스 품질을 지속적으로 관리하고 개선하여 UAM 서비스에 대한 고유의 브랜드 콘셉트를 정립하고 이를 바탕으로 충성 고객을 확보해야 한다.

이런 과정을 거쳐 UAM 사업이 상용화되고 모빌리티 서비스로 정착된다면, 각 서비스업체 간의 차별점은 크지 않을 수도 있다.

예를 들어 미국의 대표적인 차량 공유 서비스인 우버와 리프트의 서비스 품질은 큰 차이를 보이지 않는다. 그만큼 이미 서비스 앱은 고도화되었다. 오히려 드라이버와 차종이 어떤지에 따라 서비스 경험이 결정되는데 우버와 리프트에서도 100% 관리할 수 있는 영역이 아니다. 이런 상황에서는 오히려 가격과 접근성이 더 중요한 의사결정 요인이 된다.

모빌리티 서비스에 대한 고객의 로열티를 확보하는 것은 기업으로선 굉장히 어려운 일이다. 국내 카셰어링이나 카헤일링 서비스를 살펴봐도 마찬가지다. 카카오T의 압도적인 점유율은 엄청난 네트워크 효과를 바탕으로 국민 앱이 된 카카오톡 덕분에 확보된 것이다. 서비스 커버리지 외에 우티, 타다 등 다른 카헤일링 서비스보다 우수한 품질의 서비스를 제공한다고 보기는 어렵다.

마찬가지로 쏘카 역시 초기의 브랜드 인지도와 압도적인 서비스 접근성으로 인해 국내 카셰어링 1위 업체로 자리를 지키고 있지만, 다른 카셰어링 업체에 비해 확연히 차별화된 서비스 경험을 제공한다고 보기는 어렵다. 모빌리티 서비스의 경우 서비스 접근성과 가격을 기준으로 서비스를 이용할 확률이 높기 때문에 국내 1위인 업체들도 어떻게 하면 브랜드 로열티를 확보할 수 있는지가 여전히 중요한 숙제다.

UAM 서비스 경험의 시작점은 바로 온라인 환경이다. 그렇기에 사업 초기에는 어떻게 고객들이 만족할 만한 온라인 경험을 제공할 것인지가 가장 중요하면서도 어려운 과제가 될 것이다. 그러려면 사람들이 쉽고 편안하게 서비스를 이용할 수 있도록 접근성을 확보하고, 브랜드 로열티를 위한 다양한 서비스 프로그램과 정책이 필요하다. 국내의 대표적인 모빌리티 플랫폼 기업들인 카카오T, 티맵, 쏘카에서 제공하는 모바일 앱만 봐도 얼마나 많은 노력을 들였는지 알 수 있다. 사람들이 편하게 서비스를 이용할 수 있도록 온라인 웹과 모바일 앱 경험을 끊임없이 변화하고 개선하려는 노력을 기울여야 한다.

또한 대체할 수 없는 고객 로열티를 확보하기 위해 어떤 가치를 제공할지 고민해야 한다. 왜 수많은 기업에서 구독형 서비스를 제공하고 그 외의 서비스를 제공하려고 하는지 이해하고, UAM 사업이 온라인상에서 어떤 차별화된 가치를 줄 수 있는지 고민해야 한다.

2) 오프라인 서비스 경험

오프라인 서비스 경험은 UAM 공항이라 할 수 있는 버티포트나 버티허브에서 UAM 항공기를 타고 도착지로 이동할 때까지의 고객 경험을 의미한다. 이는 UAM 서비스에 대한 고객들의 인식을 형성하는 과정이므로 굉장히 중요하다. 단, 오프라인 경험에 큰 영향을 미치는 거점의 위치와 접근성은 규제, 부지의 경제성 등에 따라 결정되므로 이 책에서는 제외한다.

오프라인 경험에서 먼저 검토해야 하는 것은 UAM 거점이 수행할 기능이다. 앞서 기술한 것처럼 버티포트는 도심 내에 구축되어 도심 간 이동을 위한 거점이 될 것이며, 버티허브는 이보다 더 큰 규모로 도심뿐만 아니라 지역 간 이동을 위한 거점이 될 것이다. UAM 서비스를 운영하기 위한 필수 기능과 부가 기능을 구분한 뒤, 버티포트에는 필수 기능을 기본으로

하고 버티허브는 부가적인 가치를 창출할 수 있는 기능을 추가하여 거점을 설계해야 한다. 간단히 표로 정의하면 다음과 같다.

구분	버티포트	버티허브
필수 인력	●	●
UATM	▲	●
UAM 일정 안내	●	●
교통 연결 서비스	▲	●
보안 검사	●	●
고객 대기공간	▲	●
UAM 충전소	●	●
UAM 정비공간	▲	●
사업 운영 공간	▲	●
기타 서비스 시설	×	●

필수 기능은 버티포트와 버티허브에 모두 갖추어야 하지만, 버티포트는 고객 대기 공간과 사업 운영 공간이 버티허브에 비해 간소화될 가능성이 높다. 정비 공간 역시 기본 점검과 경정비를 위한 곳이라 필수적이지만, 기타 서비스 시설은 버티포트의 크기를 생각한다면 갖추지 못할 확률이 높다. 또한 버티허브에 비해 버티포트는 도심 내에 위치해

있어서, 교통 연결 서비스도 제한적으로 운영될 것이다.

버티허브나 버티포트 모두 기존에는 없던 공간이기 때문에 UAM 서비스 프로세스와 이를 이용하는 고객에 맞춰 거점 모델을 기획해야 한다. 기존의 공항이나 고속철도역과는 차별화된 공간과 프로세스를 설계해야 하며, 다음의 사항은 반드시 반영해야 한다.

☞ 빠르고 간편한 UAM 항공기 승하차 프로세스 수립

☞ UAM 항공기 이착륙 간 리드타임 최소화

UAM 서비스는 초기에는 높은 요금으로 운영될 것이므로 그만큼 고객들에게 빠르고 편안한 서비스를 제공해야 한다. 탑승 수속에서 수화물 검사, 승하차까지 불필요한 절차는 없애고 최대한 신속하게 진행되도록 설계해야 한다. 이는 UAM 가동률을 향상시키는 중요한 요인 중 하나인 이착륙 간 리드타임을 단축하는 데도 큰 영향을 미친다.

이외에도 UAM 항공기 이착륙 간 리드타임을 최소화하려면 UAM 항공기의 정비와 충전을 언제, 어디서 해야 할지 기준을 세우고 공간을 구성해야 한다. 특히 버티허브에 비해 규모가 작은 버티포트의 경우 공간 설계에 더 많은 검토가 필요할 것이다. 버티포트 이착륙장에 간단한 정비 및 충전 시설을 구축할 만한 공간이 있을지, 안정상의 문제는 없을지, 정비하는 모습을 탑승객들에게 보여줘도 될지 등 고민할 사항이 한두 가지가 아니다.

또한 공간 설계와 같은 하드웨어 요소뿐만 아니라, 소프트웨어 요소로서 UAM 서비스를 운영하기 위한 프로그램과 인력을 위한 설계 역시 고려해야 한다. 탑승 수속과 안내를 위한 컨시어지 인력, 보안 인력, UAM 파일럿, 관제사, 정비사를 위한 공간과 최적화된 인력 운영 계획이 필요하다. 그리고 UATM, 보안 검사, UAM 운항 정보 안내 등을 위한 시스템 역시 구축해야 한다.

인력[휴먼웨어], 프로그램[소프트웨어], 공간[하드웨어]의 관점에서 거점 구성 요소를 정리하면 다음과 같다.

구분	세부 내용
인력	파일럿, 정비사, 고객 응대 담당, 보안 담당, UATM 담당자 등
프로그램	UATM, 여정 안내, 교통 연결 서비스, 보안 검사 등
공간	UAM 이착륙 포트, 충전소, 정비 공간, 서비스 운영 시설 등

현대자동차가 국내에 새로운 브랜드 거점인 현대모터스튜디오를 오픈했을 때, 차량 전시뿐 아니라 새로운 브랜드 경험을 제공하기 위해 다양한 콘텐츠를 기획하고 운영했다. 지금도 브랜드 가치에 적합한 콘텐츠를 제공하기 위해 끊임없이 노력하고 있다.

기존에 없던 비대면 차량 이용이라는 카셰어링 서비스를 운영하려면 모바일 앱만 필요한 것이 아니다. 쏘카의 경우 고객 데이터를 기반으로 최적의 쏘카존을 개발해서 최상의 접근성을 제공하는 쏘카존을 개발하여 운영하고 있다.

마찬가지로 버티포트나 버티허브를 구축하는 데는 접근성, 기능, 프로세스뿐만 아니라 차별화된 경험을 제공하도록 공간을 설계해야 한다. 버티포트와 버티허브를 전문적으로 설계하고 구축하는 역량은 UAM 사업이 확대됨에 따라 더욱 중요해질 것이고, 버티포트 전문 업체와 건설사로서는 더 많은 기회를 얻을 수 있다.

3) 모빌리티 초연결

사람들이 높은 비용을 주고 UAM 서비스를 이용하는 이유는 무엇일까? 당연히 원하는 목적지까지 가장 빠르고 편하게 이동하고 싶기 때문이다. 이는 버티포트나 버티허브 간의 이동뿐 아니라, 최종 목적지까지 가장 빠르게 이동할 수 있는 서비스를 원하는 것이다. 하지만 애초에 출발지[버티포트]와 목적지[버티포트]가 정해진 UAM 서비스만으로 사람들의 니즈를 충족시킬 수는 없다. 따라서 UAM 서비스는 다른 모빌리티 서비스들과 유기적으로 연결되어 사람들이 빠르고 편안하게 목적지까지 이동할 수 있는 환경을 구축해야 한다.

예전에 한강에 수상 택시가 생겨서 강은 빠르게 건넜지만 내린 후의 교통편이 적합하지 않아 결국 사라져버린 사례가 있었다. UAM 서비스도 버티포트 간의 이동이 아니라 버티포트에서 최종 목적지까지 어떻게 빠르고 편하게 이동할 수 있는지 솔루션을 만들어야 한다. 그렇지 않으면 중거리 노선을 운항하는 여객기나 고속철도를 대체할 수 없어서 상용화되지 못할 것이다.

UAM 서비스가 지향할 방향성은 바로 초연결 모빌리티 생태계 구축Hyper Connected Mobility Service이다. 이는 다양한 모빌리티 서비스들이 고객 한 사람의 이동을 위해 단절 없이 연결되어 진정한 의미에서 개인화된 모빌리티 서비스를 제공하는 것을 의미한다. 과거에는 상상하지 못한 모빌리티 솔루션이 디지털 기술 혁신 덕분에 가능해졌다. 그러므로 UAM 사업체는 수많은 모빌리티 서비스들과 적극적으로 협력하여 새로운 생태계를 구축하여 UAM 서비스를 이용하는 고객들을 위해 최적의 모빌리티 솔루션을 제공해야 한다. 그러려면 다양한 카헤일링 및 카셰어링 서비스와 결합되어야 할 것이다.

물론 자율주행 서비스가 본격적으로 상용화되면 새로운 세상이 되겠지만, 사람이 탑승하지 않는 자율주행은 보안 및 안전상의 이슈로 단기간에 상용화되기 어렵다. 그래서 자율주행은 카헤일링 서비스가 아닌 카셰어링 서비스와 융합될 확률이 높다(차 안에 운전자가 탑승해야 한다는 의미다). 하나의 서비스와 융합하기보다는 고객의 성향에 맞게 다양한 서비스를 선택할 수 있도록 다양한 모빌리티 서비스와 연결하는 것이 좋다.

다음과 같이 UAM을 이용한 고객 경험 시나리오를 작성해볼 수 있다.

☞ A기업의 임원인 K는 급한 회의를 마무리하고 해외 출장을 위해 공항으로 이동하려고 한다. 번잡한 교통 때문에 자동차나 공항버스를 타기에는 시간이 없어서 사전에 UAM 서비스를 예약했다. 일단 회사에서 업무용 차를 타고 UAM 버티포트가 있는 잠실로 이동한 후, UAM에 탑승해서 공항 근처의 버티허브에 도착했다. 그렇게 한 시간도 안 걸려서 회사에서 공항까지 이동할 수 있었다.

☞ B는 외부 회의에 참석하려고 UAM을 타고 지방으로 이동할 예정이다. 자동차를 가져가기가 불편해서 카카오T로 택시를 불러 타고 잠실에 있는 버티포트까지 이동했다. UAM에 탑승하고 목적지 인근의 버티포트에 도착한 후, 사전에 예약한 쏘카 부름 서비스를 이용해 버티포트 주차장에 있는 쏘카 차량을 타고 목적지로 이동했다. 회의를 마친 후에는 쏘카를 타고 버티포트까지 이동하여 차량을 반납한 후, 잠실 버티허브까지 이동하여 귀가했다.

이러한 초연결 모빌리티 생태계는 이미 사용자 중심의 다양한 모빌리티 서비스들이 고도화되고 확대되고 있기 때문에 구축하기가 어렵지 않다. 타다와 같은 카헤일링 서비스는 도착 시간에 맞춰 사전 예약이 가능하며, 쏘카와 같은 카셰어링 업체들도 사용자가 있는 곳까지 차를 가져다주는 부름 서비스를 운영하고 있다. 그러므로 카헤일링 및 카셰어링업체와 전략적인 제휴를 통해 초연결 모빌리티 생태계를 구축하는 것은 UAM 서비스 사업자들의 의지와 노력에 달려 있다.

물론 다음의 표처럼 카카오T, 티맵, 쏘카 등 국내의 대표적인 모빌리티 서비스업체들 역시 통합 교통 서비스를 구현하는 '슈퍼앱'으로의 전환을 준비하고 있다. 초연결 모빌리티 서비스에 대한 주도권은 각 모빌리티 서비스업체의 관점에서는 반드시 확보해야 할 핵심 역량이므로, UAM 서비스 사업자는 각 업체들 간의 이해관계를 고려하여 협업 체계를 구축해야 한다.

[국내 대표 모빌리티업체의 슈퍼앱 현황]

카카오 모빌리티	티맵 모빌리티	쏘카
택시 호출	내비게이션	카셰어링
바이크	택시 호출	숙박 예약
주차	주차/발렛	KTX
대리 운전	대리 운전	주차
방문세차/정비	킥보드	자전거
내비게이션	렌터카	해외렌터카
국내/해외 항공		내차팔기
기차		
렌터카/카셰어링		
전기차 충전		

결국 모든 서비스는 고객을 중심으로 고도화된다. 슈퍼앱은 다양한 모빌리티 서비스를 하나로 통합시킨 것이고, 어떤 플랫폼을 통해 서비스를 이용하는가는 고객의 선택에 달려 있다. 즉, 필요로 하는 서비스를 쉽고 편리하게, 익숙한 형태로 이용할 수 있는 채널이 고객에게 선택받을 것이다. 비행기표를 예매할 때 대부분의 사람들이 대한항공이나 아시아나 항공에서 검색하는 것보다 스카이스캐너나 네이버를 이용하는 것만 봐도 알 수 있다.

이는 고객에게 필요한 가치를 제공하는 UAM 서비스 플랫폼을 구현한다면 초연결 모빌리티 생태계가 UAM 사업 중심으로 형성될 수 있다는 뜻이다. 이 주도권을 UAM 사업자가 확보하면 다양한 모빌리티 서비스업체가 UAM 서비스에 포함될 것이고, UAM 사업자는 고객들에게 UAM 서비스뿐만 아니라 다양한 서비스를 제공할 것이다. 이는 사람들에게 새로운 모빌리티 라이프를 선사할 것이며, UAM 서비스가 모빌리티 산업의 중심축이 될 수 있다.

6

누가 UAM 항공기를 관리할 것인가?

당연한 말이지만, 최적화된 UAM 사업 운영을 위해서는 적시에 UAM 항공기를 관리하는 것이 매우 중요하다.

서비스의 안전성이라는 가장 중요한 관점에서 보면 UAM은 기체 결함이 발생했을 때 탑승자의 안전도 위협받지만, 지상에 추락할 시에는 더 심각한 문제를 일으킬 수 있기 때문에 철저한 품질 관리가 필요하다. 도심항공 모빌리티라는 콘셉트에 맞게, 도심에 있는 버티포트에서 출발하면 UAM 항공기 운항 경로에 주거지나 상업지구가 포함될 확률이 높기 때문이다.

게다가 UAM은 새롭게 도입되는 항공 교통 수단이라, 항공기의 흔들림, 소음 등이 발생했을 때 자동차나 배, 여객기보다 사람들이 느끼는 불안감이 더 클 것이다. 경비행기를 탔을 때 여객기보다 훨씬 큰 소음과 흔들림을 겪으면 불안감이 커지는 것은 당연하다.

탑승객뿐만 아니라 UAM 운항 경로 아래에 있는 사람들도 UAM의 안전성에 불안함을 느낀다면 UAM 서비스에 대한 사람들의 인식 전환에 큰 걸림돌이 될 수 있다. 예를 들어 UAM 운항 경로가 결정됐을 때, 경로상에 있는 주거지역이나 상업지구에서 대대적으로 반대할 가능성도 있다.

사업적인 관점에서도 UAM 항공기에 이상이 생겨 정비가 필요해지면 다른 교통수단과 달리 신속하게 대체 UAM을 투입하기가 현실적으로 어렵기 때문에 많은 문제점이 발생한다. UAM을 이용하는 고객들에게 합당한 보상을 해줘야 할 뿐 아니라, 버티포트나 버티허브에서 대기하는 고객에게 이런 상황이 발생하면 고객 케어는 더욱 어려워질 것이다.

또한 UAM은 안전에 굉장히 민감한 사업이어서, 이런 문제가 발생하면 여론에 알려지기 쉽고 기업뿐만 아니라 UAM 사업 자체에 대해 부정적인 인식이 생겨날 것이다. UAM 서비스는 초기에 수익을 창출하기 어려운데, 서비스 가동률에 영향을 미치는 문제까지 발생하면 UAM 사업성에 대해 의문과 불안이 계속 제기될 것이다.

따라서 어떻게 UAM 항공기를 관리할 것인지 명확한 품질 관리 체계가 필요하다. 특히 UAM은 기존에 없던 하드웨어라 품질을 모니터링할 만한 데이터가 충분하지 않다. 따라서 UAM 항공기 관리에 대한 새로운 기준을 정립하고 정비 환경을 구축하는 일이 반드시 선행되어야 한다. UAM 품질 관리 체계는 다음과 같다.

- 데이터 수집 및 분석
- 선제적 정비 체계 구축(OTA+정기 점검)
- 고난도 수리 대응

1) 데이터 수집 및 분석

UAM 항공기 관리의 가장 최우선 과제는 데이터 수집과 분석이라 할 수 있다. 국내에서 흔히 사용되는 단어인 애프터서비스는 UAM 사업에는 의미가 없다. UAM 항공기에 문제가 발생하면 이미 수습하기 어려운 상황인 셈이라, 애프터서비스가 아니라 선제적 서비스로 관리되어야 한다. 그러려면 UAM 항공기의 성능, 문제와 관련된 데이터들을 정의하고 수집 및 분석하는 체계를 구축해야 하며, UAM 생산업체와 긴밀한 협업 구조를 만들어야 한다.

먼저 수많은 데이터 중에서 UAM 항공기 품질과 연관되는 데이터가 어떤 것인지 확인하고, 정상/비정상 범위에 대한 데이터 기준값을 정의한다. 이러한 데이터를 실시간으로 수집하고 정상 범위 내에 있는지 실시간으로 모니터링해야 한다. 그리고 고장 코드에 대한 관리 기준도 필요하다. 각 고장 코드별로 안정상의 중요도에 따라 등급을 나누고, 상위 등급의 고장이 발생했을 때는 즉시 UAM을 정비하도록 프로세스를 세워야 한다.

또한 고장 코드가 실제로 발생하기 전에 확인할 수 있는 사전 고장 코드의 기준도 세워야 한다. 예를 들어 고장 코드는 조건값이 3회 이상 발생했을 경우에 생성되는 것이 기준이라면, 최초 1~2회 발생했을 때 미리 데이터값을 분석하고 운항이 끝난 UAM 항공기를 점검하여 대비하도록 한다.

데이터 관리 기준을 수립한 후에는 데이터 수집 주기를 설정한다. 데이터 수집 주기는 UAM 운항 전과 운항 중, 운항 종료 시로 구분할 수 있는데, UAM를 구동하기 전시동 off이나 정기적인 원격 구동시동 on을 통해 데이터를 수집할 수 있는지 확인한다.

운항 직전이나 운항 중에 UAM 항공기에 문제가 생긴 것을 확인하면 신속하게 대응하기가 어렵기 때문에, 최대한 미리 확인하고 조치할 수 있어야 한다. 그렇기에 정확히 어떤 시점에 UAM 데이터를 수집할 수 있는지 기준을 설정한 후, 이를 통해 선제적 정비 체계를 구축한다.

2) 선제적 정비 체계 구축

UAM 항공기의 데이터를 수집하고 분석한 후에는, 이를 활용하여 서비스 안정성과 가동률을 높일 수 있는 선제적 정비 체계를 구축한다.

먼저 커넥티드 기술을 통해 UAM 항공기의 주요 전장 장치를 무선으로 업그레이드하는 OTAOver The Air 기술을 적용해야 한다. OTA는 쉽게 말하면 무선 통신으로 기체의 소프트웨어를 업데이트하는 기술로,

성능이나 기능 향상, 문제나 오류를 개선할 목적으로 사용된다. OTA 개념은 자동차 회사인 테슬라의 주도로 처음 도입됐고, 현재는 제조사 및 차종별로 차이는 있지만 점차 적용 범위를 확대하고 있다.

OTA의 장점은 기체를 정비 거점으로 이동할 필요 없이 성능 및 기능을 향상시키고 문제점을 개선할 수 있다는 것이다. 특히 전문화된 정비 공간을 만드는 데 한계가 있는 UAM 사업에서 OTA 기능은 반드시 필요한 기술이다. 물론 버티허브에는 UAM 정비 공간을 만들 수 있겠지만, 버티포트에는 간단한 경정비 외에 종합 정비 공간을 갖추기는 어려울 것이다. 결국 버티포트의 경우 이착륙 공간에서 UAM 항공기를 점검하게 될 상황이 많을 것이기에, 소프트웨어 업데이트는 OTA를 통해 진행하고 진단기로 UAM 항공기의 상태를 확인하면서 기본 점검을 하는 식이 될 것이다.

한편 UAM 항공기에 대한 정기 검사 체계가 필요하다. 필수적으로 점검할 항목을 설정하고 정해진 기간마다 점검하는 것이다. 데이터는 정확하고 빠르게 기체의 문제점과 상태를 알려줄 수 있지만, 데이터를 안다고 해서 모든 상황에 대응할 수는 없다. 따라서 정비사가 기체에 문제점이 있는지 직접 확인하는 작업이 수행되어야 한다. 외판의 흠집이나 손상 등은 자칫 큰 문제로 이어질 수 있기 때문에 반드시 육안으로 점검해야 하며, 이를 정기적인 점검 프로세스로 만들어야 한다. 최근에는 외관 검사 기술이 발달되어 많은 사업 영역에서 활용되고 있지만, 사업 초기에는 직접적인 외관 검수가 필요할 것이다.

3) 고난도 수리 대응

고난도 수리 대응은 UAM 항공기 관리 면에서 가장 어려운 영역이다. 기존 여객기와 자동차는 지금까지 쌓아온 데이터와 경험을 바탕으로 수많은 문제 상황에 대한 대응 방안의 표준이 만들어져 있어서 체계적으로 관리한다. 이에 따라 정비사의 개인적 역량에는 차이가 있겠지만, 데이터 기반으로 문제점을 해결할 수 있는 환경은 구축됐다고 볼 수 있다.

하지만 UAM 항공기의 경우 기존에 없던 하드웨어이기 때문에, 기체에 문제점이 일어나는 원인과 수리 방안에 대한 가이드나 데이터가 부족한 상황이다. 물론 UAM 제조사에서 기본적인 항공기 점검과 수리 가이드는 제공하겠지만, 소규모의 시제기 테스트로는 양산 이후에 발생할 수 있는 문제점을 모두 커버할 수 없다. 그렇기에 UAM 고난도 수리 대응을 위해서는 사전에 UAM 제조사와 긴밀한 협업을 맺고 전문 역량을 확보해야 한다.

먼저 고난도 수리 항목을 정의해야 한다. 대부분 UAM 항공기의 안전과 성능에 대한 항목으로, 이착륙과 운항을 위한 조향 장치, 고전압 배터리, 구동 모터, 소음과 속도, 운항 거리에 영향을 미치는 것이다. 여객기와 헬리콥터, 전기차의 하드웨어를 참고하여 UAM의 핵심 부품과 시스템을 정의하고, 각 시스템의 정상 데이터 범위와 부품의 내구 품질 등을 고려해 교체 주기와 방법에 대한 가이드를 만들어야 한다. 예를 들어 UAM 항공기의 배터리 품질을 나타내는 SOH Status of Health 의 정상 범위가 얼마인지, 어느 수치까지 떨어지면 교환할지 등에 대한 점검 가이드를 만드는 식이다.

고난도 수리는 핵심 부품과 시스템에 대한 정비도 있지만, 재현되지 않는 증상과 원인 불명의 문제를 해결하는 것도 포함된다. 어쩌면 이러한 경우에 더 대응하기 어렵기 때문에, 앞서 말한 데이터 수집과 정비사의 기술 역량 개발이 필요하다. 이런 문제를 해결하려면 해당 시점의 UAM 항공기 데이터를 분석해서 원인을 파악하고 대응 방안수리 또는 교체을 도출해야 한다. 이를 위해서는 데이터 분석, 진단, 정비 역량을 보유한 전문 기술 인력이 필요할 것이다.

전기차가 본격적으로 판매되면서, 자동차 제조사들은 고전압 배터리 진단과 수리 그리고 품질 관리의 역량을 확보하기 위해 노력했다. 전기차 화재로 인해 리콜이 발생했을 때도, 자동차와 배터리 제조사가 서로 협업하여 신속하게 원인을 파악하고 개선안을 만들어서 문제를 조기에 해소하기 위해 노력했다.

이렇듯 기존에 없던 새로운 하드웨어가 나오면 초기에는 품질 관리에 엄청난 노력을 기울여야 한다. 특히 UAM 항공기처럼 안전에 심각한 영향을 미칠 수 있다면 그 중요성은 더 높아진다. 제대로 품질 관리를 못 해서 자칫 사고로 이어진다면, 그 UAM 업체는 시장 내에서 회복할 수 없을 만큼 평판이 무너져서 사업을 유지하기 어려울 것이다. 그러므로 UAM 항공기 품질을 관리하려면 UAM 생산, 서비스 운영 그리고 버티포트 구축을 맡은 업체들 간의 긴밀한 협업을 통해 확고한 관리 체계를 만들어야 할 것이다.

7

UAM 사업 운영을 위한 핵심 인력은 누구인가?

UAM 사업의 세 번째 핵심 역량은 사업에 필요한 전문 인력이다. 앞서 설명한 UATM, 즉 UAM 교통관리 시스템 운영을 위한 PSU, UAM 에어 오퍼레이터Air Operator, 버티포트 운영자 등 UAM의 관제 시스템을 담당할 인력도 중요하다. 다만 이 업무는 UAM 사업자가 단독으로 결정해서 관리할 수 있는 것이 아니고, 정부와 협업하여 사업 운영에 맞게 정책이 수립된 후 검토해야 할 영역이다. 그렇기에 UAM 항공기 생산 역량과 마찬가지로 이런 인력에 대한 설명은 이 책에서는 생략하도록 한다.

UAM 사업의 핵심 인력은 UAM 파일럿과 기술 인력으로, 이를 육성 및 관리하는 것이 곧 사업 성공과 직결될 것이다. 파일럿은 UAM 조종뿐만 아니라 UAM의 취약 요소라 할 수 있는 수익성 관점에서 검토해야 하므로, 어떻게 파일럿을 육성하고 관리할지가 중요한 과제가 될 것이다. 또한 안정성과 가동률이 중요한 UAM 사업에서 기술 인력은 UAM 항공기라는 기존에 없던 하드웨어의 품질 관리를 담당해야 한다. 그러므로 UAM 품질과 정비 관점에서 어떤 역량이 필요한지 기준을 세우고 지속적으로 육성하도록 노력한다.

1) 파일럿

UAM 사업을 전망하는 서적이나 기사를 보면 UAM 항공기는 향후 자율비행으로 운항될 것이라 예측하지만, 이는 UAM 사업의 수익성에 대한 긍정적인 전망을 보여주기 위해 하는 말로 보인다. 파일럿의 임금뿐만 아니라 좌석이 없어지면 그만큼 UAM 실내 공간좌석 수을 더 확보할 수 있기 때문이다.

하지만 UAM 사업 초중반까지 자율비행은 도입되기 힘들 것으로 보인다. 어느 정도 궤도에 오르기 전까지는 파일럿이 직접 탑승하는 구조로 운영되지 않을까 싶다. 자율비행의 기술적인 구현과 완벽성의 문제라기보다는, UAM의 안전에 대한 사람들의 정서적인 안정감이라는 관점에서 생각해야 한다. 운항 중에 발생할 수 있는 난기류나 혹시 모를 긴급상황이 발생했을 때, 파일럿의 탑승 여부는 승객들에게 정서적으로 엄청난 영향을 미칠 것이다.

사실 UAM 사업을 논하는 데 쟁점이 되는 것은 바로 UAM 탑승객의 숫자다. UAM 항공기에는 적게는 2명, 많게는 4~5명까지 탑승하게끔 설계되는데, 파일럿 좌석이 별도로 있는 건 사업의 관점에서 보면 비효율적이다. 게다가 파일럿의 임금을 생각하면 사업 수익 관점에서 자율비행에 대한 선호도가 당연히 높을 수밖에 없다.

그런 만큼 파일럿을 어떻게 육성하고 관리할 것인지가 굉장히 중요하다. 기본적으로 높은 임금을 받는 UAM 파일럿을 어떻게 확보하고 육성할 것인지, 자율비행이 도입되는 시점에는 인력 관리를 어떻게 할 것인지, 중장기적 관점에서 인력 관리 계획을 수립해야 한다.

초기에 무리해서 파일럿을 확보했다가 나중에 자율비행으로 대체되었을 때 파일럿 인력의 관리가 곤란해지면 UAM 사업의 수익 개선은 더 어려워질 것이다. 하지만 적합한 기술력을 보유한 파일럿을 확보하지 못한다면 초기에 사업 자체가 실현되기 어려울 것이므로, 균형 잡힌 계획을 세워야 한다.

UAM 사업의 긍정적인 전망을 위해, 한 가지 시각으로만 사업 운영을 검토하면 안 된다. UAM 사업의 초중반기까지는 파일럿 탑승은 필수 요건이 될 것이며, 상황에 따라서는 파일럿 없는 자율비행은 승인을 받지 못할 수도 있다. 지금의 여객기도 거리에 따라 다르지만, 기장과 부기장이 함께 운행한다. 자동차보다 더 높은 수준의 자율비행이 적용된 여객기에서도 기장과 부기장 체제로 운영하는 이유는 안전을 위해서다.

여객기나 UAM 항공기에 얼마나 많은 사람이 탑승하는지도 중요하지만, 안전은 더욱 중요한 문제다. 서비스를 이용하는 사람들의 안전을 책임지기 위해 파일럿은 본연의 역할을 수행하며, 운항 중에 UAM 항공기의 문제는 없는지 확인하고, 특이 사항이 발생했을 때 최선의 대응을 할 수 있어야 한다.

사실 UAM 파일럿 육성과 관리는 UAM 사업자가 고민하고 해결할 수 있는 사항이 아니다. 파일럿 교육, 육성, 운항 규정과 정책 등은 정부의 뒷받침과 지원이 따라야 한다.

2) 하이테크 인력

UAM의 품질 관리와 정비 업무를 담당하는 전문 인력은 UAM 사업의 안정성 확보 측면에서 매우 중요한 역할을 한다. UAM 항공기의 품질을 어떻게 관리할지, 문제가 발생했을 경우 어떻게 신속하게 원인을 찾고 정확하게 수리할지는 사실 말처럼 쉬운 일이 아니다.

여기서 정의하는 기술 인력은 UAM 항공기 수리만 담당하는 게 아니라 데이터 분석, 진단, 작업 지시 또는 수리 역량을 보유한 전문적인 하이테크 인력을 의미한다.

① 데이터 분석 역량

데이터 분석 역량은 UAM 항공기의 진단 데이터값을 정의하고 이상 여부를 판단할 수 있는 능력이다. 데이터 분석 역량이 중요한 이유는 UAM 항공기에 문제가 있는지를 확인하는 것뿐 아니라, 미리 기체의 문제점을 확인하고 문제가 발생했을 때 정확한 원인을 찾는 진단 역량으로까지 이어지기 때문이다.

UAM 사업 특성상 초기에 기체의 문제점이 발생했을 때 그 원인을 파악하는 것은 쉬운 일이 아니다. 특히 운항 시에 발생했던 문제점과 이상 현상이 정비할 때는 재현되지 않는다면 골치 아픈 일이 일어날 것이다. 이런 상황에서는 이상 현상이 발생한 전/후의 센서 데이터값을 분석하고 특이값을 찾아내어 원인을 분석할 수 있어야 한다.

UAM은 가동률뿐만 아니라 초기 안정성도 굉장히 중요하므로 항공기에 문제나 특이 사항이 발생했을 경우 신속하게 대응해서 개선할 필요가 있다.

② 수리 품질 관리

UAM 항공기에 문제가 발생해서 수리한다면 어디서 할까? 이 질문에 대한 명확한 답은 아직 없지만, 버티포트와 버티허브 그리고 생산업체별로 수리할 수 있는 부문이 정해질 것이다.

일단 버티포트에서는 진단과 정기 점검, 간단한 경정비가 가능하고, 버티허브에서는 배터리 탈부착과 외판 수리 등의 중수리까지 커버한다. 생산업체는 UAM 사업체에서 대응할 수 없는 고난도 수리를 지원할 것이다.

물론 UAM 생산업체로 항공기를 보내서 수리를 요청할 수도 있겠지만, 일단 시간이 오래 걸리고 생산업체들이 공장 내에 별도로 정비 공간을 구축하지는 않을 것이다. 단, 생산업체는 UAM 항공기에 품질 결함이 발생하면 신속하게 원인을 파악하고 개선 방안을 도출해야 한다. 자동차 산업에서도 리콜이 발생하면 엄청난 손실이 발생하는데, UAM 항공기에서도 품질 결함이 발생되어 서비스 운영이 중단되면 사업적인 손실은 막대할 것이다. 그러므로 생산업체는 UAM 항공기 품질 진단 체계를 구축하도록 지원해야 한다.

대부분의 UAM 항공기 수리는 버티포트나 버티허브에서 진행될 가능성이 높은데, 이런 정비 환경에서 신속하고 정확하게 수리하는 기술 인력의 역할은 더욱 중요해질 것이다. UAM 항공기에 문제가 발생했을 때 원인을 찾고 어떤 작업이 필요한지 판단해야 하며, 최대한 신속하고 정확하게 수리를 끝내야 한다.

또한 수리가 완료된 UAM 항공기의 품질 모니터링을 통해 문제가 재발하지 않는지, 연관된 시스템이나 부품에서 문제가 발생하지 않는

구분	버티포트	버티허브	UAM 생산업체
기본 점검	●	●	
경정비	●	●	
중수리		●	
배터리 교환		●	
외판 수리		●	
고난도 수리		●	
품질 진단			●

지, 지속적으로 점검한다.

기술 인력은 단순히 정비사의 역할만이 아니라, 축적된 경험을 바탕으로 UAM 정비 가이드를 개발하고 UAM 전용 진단기 개발에도 참여한다.

전기차 판매량이 늘어나면서, 자동차 제조사나 모빌리티 서비스업체는 충분한 정비 네트워크를 확보하기 위해 많은 노력을 기울였다. 자동차 제조사의 경우, 전기차 설계, 개발, 생산, 품질 데이터를 확보할 수 있으므로 교육과 수리 지원을 통해 전기차를 전담하여 정비하는 거점을 구축할 수 있다. 모빌리티 서비스업체들 역시 자동차 제조사들과의 협업을 통해, 또한 자체적인 단말기 개발을 통해 최대한 많은 차량 데이터를 확보하고 이를 활용해 정비 거점을 지원하고 있다. 물론 일정한 수준의 정비 역량을 확보하는 데는 시간이 걸리겠지만, 데이터 활용성이 높아지고 고도화된 진단기가 나옴으로써 점차 정비 시간은 단축될 것이다.

UAM도 자동차와 마찬가지로 정비사의 지식과 경험에 의존하지 않고, 데이터 기반의 진단 솔루션을 활용하여 정확하게 수리하는 방향으로 나아가야 한다. 다만 UAM 사업은 충분한 데이터가 쌓이지 않았고 정비 가이드도 부족하므로, 사업 초기까지 기술 인력에 대한 의존도는 높을 것으로 보인다. 그러므로 이런 핵심 기술 인력의 육성과 보유는 곧 UAM 사업의 경쟁력이 될 것이다.

8

UAM 공항인 버티포트는 누가 운영할 것인가?

UAM 사업에서 UAM 항공기만큼 중요한 것이 버티포트다. 기존에 없던 새로운 개념의 UAM 공항인 버티포트를 구축하려면 새로운 거점 표준이 수립되어야 하고, UAM 항공기가 이착륙하는 안정상의 기준을 정해야 한다. 또한 버티포트를 구축하는 데는 UAM 항공기보다 더 많은 비용을 투자해야 하므로, 사업적인 관점에서 어떻게 버티포트를 운영할지도 굉장히 중요한 요인이 될 것이다.

앞서 기술한 오프라인의 버티포트 설계가 그 기능과 고객 경험을 중심으로 한다면, 여기서는 사업적인 관점에서 누가, 어떻게 버티포트를 운영할 것인지 살펴볼 것이다.

1) 버티포트 운영 주체

닭이 먼저냐, 달걀이 먼저냐 만큼의 이슈는 아니지만, UAM 항공기와 버티포트의 중요성을 비교하기는 굉장히 어렵다. 물론 UAM 항공기가 만들어져야 UAM 사업을 할 수 있지만, UAM 항공기들이 이착륙할 수 있는 거점이 있어야 사업도 할 수 있다. UAM 개발은 현재의 생산 업체들이 담당할 것이고, 버티포트 개발은 버티포트 전문 업체와 기존 건설사의 사업 영역이 될 것이다.

여기서 UAM 운항 사업을 준비 중인 기업들은 버티포트와 버티허브를 누가 운영할지 의사결정을 내려야 한다. UAM 운항사가 직접 버티포트를 운영한다면 UAM 사업에 대한 주도권을 발휘할 수 있지만, 그에 따른 초기 투자 비용과 거점 운영에 대한 부담감이 높아질 것이다. 반대로 버티포트 운영을 버티포트 전문 업체나 건설사에 일임하고 운항 서비스에 집중한다면, 투자 비용과 거점 운영에 대한 부담감은 줄어들지만 UAM 사업에 대한 주도권은 약해진다.

가장 중요한 것은 UAM 사업의 수익 구조에 대한 명확한 분석이다. UAM 사업의 수익 원천은 UAM 항공 운항을 통한 수익과 버티포트 운영을 통한 수익으로 나뉜다. 기존 공항과 비교할 수도 있겠지만, 수익의 원천은 확연히 다르다. 공항에 입점해 있는 면세점과 편의 시설에서 거두는 각종 수익은 버티포트나 버티허브에서는 기대할 수 없다. 애초에 UAM은 빠르고 신속한 운항 서비스를 제공해야 하므로, 일반 공항처럼 대기 시간이 생기는 것 자체가 UAM 사업의 경쟁력을 떨어뜨

리는 요인이다.

그러므로 공항과는 다른 방식으로 여러 사업과 협업하여 수익을 얻을 수 있는 방법을 고려해야 한다. 앞서 말한 초연결 모빌리티 생태계에서 다른 모빌리티 서비스업체로부터 공간에 대한 임대료나 수수료를 받아 수익을 거둘 수 있을 것이다. 또한 로지스틱스 사업이나 부동산 사업과의 연계를 통해 추가적인 수익이나 투자 비용 절감 등도 기대할 수 있다.

물론 UAM 사업 초기에 버티포트의 운영 주체는 민간 기업보다 공기업이 될 확률이 높다. 어느 지역에 버티포트를 구축할지 민간 기업이 결정할 수 있는 영역은 아니다. 하지만 UAM 서비스가 확대되면, 버티포트 입점 지역은 정부 기관과의 협의가 필요하겠지만 운영 자체는 민간 기업이 맡을 확률이 높다.

그렇기에 초기에 UAM 사업에 진출하는 기업들은 버티포트와 버티허브 운영을 누가 맡을지 명확한 방향성을 갖고 사업을 준비해야 한다. 이에 따라 초기 비용과 수익 구조가 달라지기 때문에 명확한 경영 분석을 통해 가장 효과적인 사업 모델을 만들어야 할 것이다.

2) 버티포트 운영 모델

버티포트를 운영하면 명확하게 그 기능을 정의하고 매출을 발생시키면서 직접비와 간접비를 최소화하는 거점 모델을 설계해야 한다. 이러한 거점 최적화 모델을 초반에 구현하는 업체는 UAM 사업에서 수익을 창출할 시기를 앞당길 수 있다. 물론 버티포트에 들어가는 각 요소를 어떻게 구성하고 어느 정도의 인력을 배치할 것이며 어떤 부가적인 서비스를 제공할 것인지 결정하는 것은 결코 쉽지 않다. 또한 공항, 철도역, 복합 거점 등 기존 거점과 비교할 수도 없기 때문에 초반에는 미지의 사업 영역일 것이다.

중요한 사실은 거창하고 화려한 거점 모델은 지양해야 한다는 점이다. 신사업의 경우 사업 초기에 사람들에게 강렬한 인식을 주기 위해 다양한 시도를 한다. 그렇다고 해서 버티포트나 버티허브에 다양한 서비스나 편의 시설을 운영하면, 비용 측면에서 결코 좋은 결과를 거둘 수 없다. 따라서 UAM 서비스의 본질인 빠르고 편한 이동을 위한 거점 모델을 설계한 후, 추가적인 매출을 발생시킬 수 있는 서비스나 사업 모델을 기획하고 비용 최적화 관점에서 거점 운영 모델을 설계해야 한다.

물론 어려운 일이다. 버티포트나 버티허브에서 불필요한 서비스를 제공할 필요도, 거창하고 화려한 외관과 실내를 조성할 필요도 없고, 그럴 수도 없다. 하지만 기존의 교통수단들보다 프리미엄 서비스로 인식될 것이므로 전반적인 환경은 모던하면서도 심플해야 하며, 꼭 필요한 서비스는 편리하게 이용할 수 있도록 거점을 설계하고 공간을 구성해야 한다. 이 미지의 영역에서 다른 업체들보다 먼저 거점 표준을 개발한 기업은 확고한 경쟁 우위를 누릴 수 있을 것이다. 그중에서도 버티포트 개발 사업에 중점을 둔 업체라면 UAM 사업이 확장되면서 더 많은 수익을 거둘 것이다.

UAM 사업 시나리오 1

2025~2030년, UAM을 타고 하늘을 나는 시점_
본격적인 실증 사업을 선보이다

2025년 이후로는 각 사업 모델별로 UAM 사업을 실현할 수 있는 역량을 지닌 기업이 두각을 나타낼 것이다. UAM 항공기 개발 사업에서는 시제기를 넘어 양산 단계에 돌입한 기업이 나타날 것이며, 반대로 시제기 테스트까지만 완료하거나 시제기도 선보이지 못한 기업들은 경쟁력을 잃을 것이다. 운항 서비스를 준비 중인 기업도 해당 사업을 위한 구체적인 계획이나 인프라 구축을 추진하고, 그 후에 사업 계획과 핵심 이니셔티브를 발굴하면서 사업을 준비할 것이다.

반대로 UAM 인프라 구축에 대한 투자, 초기 비용 부담, 역량 부족 등에 따라 UAM 운항 사업을 포기하는 기업들도 속속 등장할 것이다. 버티포트 사업을 준비 중인 기업들 역시 지금처럼 시범 버티포트나 시안 이미지를 제시하는 것이 아니라, UAM 사업체들과 계약을 맺고 구체적인 거점 구축 계획을 세우는 단계로 들어가야 한다. 단순 이미지와 기능 등을 선보이는 건 무의미하다. 이 시점에는 확정된 지역, 기능, 서비스에 맞게 구체적인 버티포트 구축 사업을 준비 중인 기업들이 등장할 것이며, 그렇지 못한 기업은 점차 기회를 잃을 것이다.

마찬가지로 국내에서 진행되는 K-UAM 그랜드챌린지에 참여 중인 컨소시엄들도 지속적으로 수행될 컨소시엄과 그렇지 못한 컨소시엄으로 나뉠 것이다. UAM 서비스 관점에서 가장 유력한 컨소시엄은 현대자동차, 현대건설, 대한항공, KT 등이 참여한 현대자동차·KT컨소시엄과 SK텔레콤, 한화시스템, 한국공항공사 등이 참여 중인 K-UAM 그리고 카카오모빌리티, LG유플러스, GS건설이 참여한 UAM 퓨처팀으로 보인다.

컨소시엄의 구성 기업은 UAM 항공기 개발 또는 개발업체와의 제휴를 완료했고 운항 서비스를 위한 통신, 관제, 모빌리티 영역에 특화된 업체들이다. 그뿐 아니라 버티포트 구축을 위한 건설사들 역시 포함된다. 게다가 국내를 대표하는 대기업들이 참여하여 안정적인 투자와 자본력을 보유하고 있어 사업을 구현하는 데 속도를 낼 수 있을 것이다.

UAM 산업 관점에서 이 시점이 가장 중요하다. 첫째로, 실제로

UAM 사업을 할 수 있는 기업을 가릴 수 있기 때문이다. 그리고 이런 기업들을 중심으로 UAM 초기 생태계가 구축될 것이며, 정부 기관들과 협업하여 본격적인 UAM 실증 사업을 진행할 것이다. 이때까지는 민간 기업들보다는 정부 기관 혹은 공기업의 영향력이 더 클 것이며, 초기 사업 운영 관점에서도 공기업의 비중이 더 높을 것으로 생각된다.

둘째로, UAM 사업이 실증을 넘어 상용화될 수 있을지 판단하고 그 기반을 갖추는 시기이기 때문이다. 실제로 사업할 수 있는 환경을 만들었다고 해도, UAM 서비스의 안정성에 대한 검증과 사람들의 인식 전환이 없으면 사업은 시작할 수 없다. 자동차 제조사들이 신차 출시 전에 다양한 환경에서 주행 테스트를 하듯, UAM 항공기는 그보다도 과하다고 할 만큼 운항 테스트를 해야 한다. 아무리 사업 준비가 잘되어 있어도, 단 한 번의 사고와 문제로 인해 사업은 중단될 수 있고 서비스 상용화는 먼 미래의 일이 될 수도 있다.

적은 수의 이동 경로만 제공되겠지만, 2030년 전에는 사람들이 UAM 항공기를 타고 이동하는 모습을 볼 수 있을 것이다. 물론 사업 초기이기 때문에 고객 경험 관점에서는 부족한 부분도 많이 드러나고, 서비스 프로세스 관점에서 개선해야 할 점이 많을 것이다. UAM 사업에 대해 계획하고 그렸던 모습과는 다르게, 운영 관리 측면에서 많은 문제가 발생할 것이다. 이때 각 정부 기관과 기업에서 문제점을 명확히 분석하고 현실적인 개선 방안을 적용하여, 실증을 넘어 UAM 서비스 상용화를 위한 준비를 해야 할 것이다.

2장

기존 사업과의 융합을 통한 새로운 사업 기회는 무엇인가?

1

UAM이 가져올 새로운 패러다임

UAM 사업의 본질은 사용자들에게 더 빠르고 편안한 이동 수단을 제공하는 것이다. 하지만 사업 특성상 이동 수단으로만 UAM 사업을 한다면 지속적으로 성장하는 데는 한계가 있다. 항공기 개발, 버티포트와 버티허브 구축, UAM 파일럿과 기술 인력 등 사업 운영에 막대한 투자가 필요하지만, 이에 비해 수익을 창출하는 데 많은 제한이 따른다.

먼저, 사업 초기에는 서비스의 공급과 수요가 적을 수밖에 없다. UAM 항공기의 특성상 많은 탑승객을 태울 수 없으며 운항 경로 역시 제한적일 것이기 때문이다. 해당 구간을 빠르게 이동할 사람들에게만 필요한 서비스이기에, 서비스 공급이 제한되면서 서비스 수요 역시 늘리기가 어려울 것이다. 게다가 다른 교통수단에 비해 상대적으로 높은 요금으로 운영되면서 서비스 수요 역시 적을 것이며, 대중적인 서비스로 정착하기에는 다소 시간이 걸릴 것이다. 또한 기존에 없던 신규 서비스인 데다 안전성 문제가 늘 따라다니는 사업 특성상 인식 전환에 많은 노력이 필요하다는 점도 있다.

물론 지속적으로 기술을 개발하고 규모의 경제를 실현하여 비용 절감을 달성하고 안정적인 서비스를 제공하면 서비스 수요가 증가할 테고 사업은 확장될 것이다. 다만 서비스가 대중화된 후로는 각각의 UAM 서비스업체들 간의 경쟁이 치열해지고, 또 다른 대체 수단이 등장하면 이동 수단으로서의 UAM 산업은 그 매력이 떨어질 수밖에 없다.

수많은 모빌리티 혁신 기업 역시 기존에 없던 새로운 서비스를 통해 사람들의 일상을 변화시키면서 대중적인 서비스가 되었지만, 실질적으로 이익을 거두는지에 대해서는 아직도 많은 의문이 있다. 차량 공유 사업에서 글로벌 최고 기업이라 할 수 있는 우버 역시 2009년에 설립된 이래 흑자를 달성한 적이 없다가, 2023년 2분기에 처음으로 흑자를 달성했다. 국내 대표 모빌리티 서비스업체들 또한 안정적인 흑자 구조를 구축하기 위해 뼈를 깎는 노력을 기울이고 있다.

UAM 사업도 교통 서비스를 넘어 다양한 사업 모델을 개발하거나 이종 산업과의 적극적인 제휴를 통해 사회 전반에 새로운 가치를 창출할 수 있는 사업으로 발전해야 한다. 우버 역시 차량 공유 서비스에서 음식과 식료품을 배달하는 딜리버리 서비스로 사업을 확대했고, 앞서 기술한 것과 같이 카카오모빌리티, 티맵 모빌리티, 쏘카 등 국내 주요 모빌리티 서비스업체들도 카헤일링/카셰어링 서비스를 넘어 다양한 사업 모델을 구축하고 있다.

UAM 사업은 다른 모빌리티 서비스보다 사업 모델을 확장시키기에 상대적으로 기반이 좋다. 먼저 버티포트와 버티허브라는 거점을 보유하고 있기 때문에 사업을 확장하고 연결시키기가 쉽다. 모빌리티 서비스 플랫폼들의 경우 차량을 제외하면 실물 자산이 없으므로 버티포트와 버티허브를 활용하여 모빌리티 서비스업체들이 필요로 하는 서비스 거점으로서의 역할을 수행할 수 있다. 또한 UAM 항공기가 가져다주는 새로운 이동 경로는 사람들뿐만 아니라 물류 관점에서도 새로운 변화를 일으킬 수 있으며, 그 가치와 확장성을 활용한다면 더 많은 사업 모델을 만들 수 있다.

이 책에서는 다음의 표와 같이 모빌리티 사업, 로지스틱스 사업, 부동산 사업, 건설 사업, 관광 사업과의 연계성을 통한 사업 확장 가능성에 대해 설명할 것이다.

2

UAM, 초연결 모빌리티 생태계의 중심 역할을 하다

앞서 기술한 것처럼 UAM 사업이 성공하기 위해서는 초연결 모빌리티 생태계를 구축해야 한다. 이는 다양한 모빌리티 서비스들과의 연계를 통해 사람들에게 빠르고 편안한 이동 서비스를 제공하는 것을 의미한다. 이러한 관점에서 버티포트와 버티허브라는 모빌리티 거점을 보유한 UAM 서비스업체는 초연결 모빌리티 서비스 생태계의 중심이 될 것이다.

국내 카셰어링 서비스업체인 쏘카를 보면 제주와 KTX역 근처의 쏘카존을 제외하고는 대형 존을 찾아보기 힘들다. 다양한 지역을 서비스해야 하지만, 큰 규모의 부지를 확보하는 것은 고정비 부담이 크기 때문이다. 이는 쏘카만의 문제가 아니라 다른 카셰어링업체들도 마찬가지이며,

나머지 업체는 쏘카에 비해 현저히 적은 카셰어링 존을 운영하고 있다.

한편 카헤일링 서비스는 기본이 택시 중계 서비스이기에, 모빌리티 존이라는 개념 없이 계속 이동하면서 서비스 수요를 찾아야 한다. 여기서 우리가 생각해야 할 점은 바로 자율주행 기술이 구현됐을 때 카셰어링과 카헤일링 서비스의 변화다. 자율주행이 구현되면 사람들이 모빌리티 존으로 이동하는 것이 아니라, 사람들의 위치로 차를 부를 것이다. 이는 카셰어링과 카헤일링 서비스의 경계선이 사라진다는 의미다. 이런 상황에서 필요한 것은 중심 지역에 모빌리티 서비스를 위한 차량을 보관하는 차고지다. 그리고 이런 역할에 최적화된 곳이 바로 버티포트와 버티허브다.

버티허브는 도심 혹은 지역 중심지에 구축될 가능성이 높고 이동 서비스를 필요로 하는 사람들을 위한 거점이기 때문에, UAM 서비스뿐만 아니라 각종 모빌리티 서비스에 대한 수요가 발생할 것이다. 그러므로 버티허브를 중심으로 카헤일링 서비스가 필요한 사람들에게 자동차를 보내줄 수도 있고, 자동차를 타고 오는 도착지가 버티허브일 수도 있다. 게다가 차고지뿐만 아니라 정비 공간과 전기차 충전 시설도 갖추면 활용 가능성은 무궁무진하다고 볼 수 있다. 또한 라스트마일 모빌리티 허브로 기능할 수도 있다. 버티포트 역시 버티허브에 비하면 거점의 크기나 기능은 작을 수 있지만, 모빌리티 서비스들이 모이는 허브로서의 역할을 수행할 것이다.

그렇기에 버티포트 사업자는 버티포트나 버티허브를 UAM 항공기의 출발과 도착을 위한 거점으로만 여기면 안 된다. 다양한 모빌리티 서비스들이 버티포트와 버티허브를 중심으로 모이고, UAM을 이용하는 사람들에게 최상의 이동 경험을 제공하는 모빌리티 통합 거점으로서 검토해야 한다.

택시와 카셰어링 차량의 차고지 역할만이 아니라 모빌리티 서비스 업체들과의 협업을 통해 서비스 그 이상의 가치를 제공하도록 노력할 필요가 있다는 말이다. 예를 들어 UAM을 예약하면서 카카오 택시 혹은 쏘카를 이용하는 사람들이 가격 할인을 받을 수 있다면 새로운 수요가 발생할 것이다. 더 나아가 UAM+택시+카셰어링 서비스를 상품화하여 구독형이나 패키지 상품으로 제공할 수도 있을 것이다.

마찬가지로 이러한 업체들의 참여를 이끌어내려면 택시나 카셰어링업체들의 서비스 운영상의 한계점을 극복하도록 혜택을 제공해야 한다. 예를 들어 전기차 충전소, 차량 세차 서비스, 기본 경정비 등의 서비스를 제공받을 수 있는 환경을 구축하는 것이다. 이런 환경이 되면 버티포트나 버티허브를 보유한 UAM 사업체는 다양한 모빌리티 서비스들과의 연계와 협업을 통해 서비스에 대한 주도권을 확보할 수 있고 신규 사업을 확대할 뿐만 아니라 수익도 창출할 것이다.

다양한 모빌리티 서비스업체들이 탄생했지만, 결국 모빌리티 산업은 자동차 제조사 중심으로 운영되는 것이 현실이다. 하지만 UAM 사업은 모빌리티 서비스 산업 관점에서 새로운 생태계의 중심이 될 가능성이 있다.

3

UAM, 로지스틱스 사업 연계를 통한 모빌리티 허브로 재탄생하다

현재의 트럭 중심의 운송 시스템은 앞으로 드론과 로봇 기술의 발달에 따라 많은 변화가 일어날 것이다. 미국과 중국은 이미 드론 배송 서비스를 일부 제공하고 있고, 우리나라 역시 국토교통부가 주관하여 스마트 물류 인프라 구축 방안을 준비하고 있다.

이처럼 드론 배송이 상용화되면, 지상 운송에서 하늘 운송으로 그 영역이 확대될 것이다. 드론 배송 역시 UAM과 마찬가지로 초기에는 사업 안정성 및 효율성의 측면에서 많은 제약이 있을 테지만, 드론의 안정성과 장거리 이동 기술도 계속 발전하고 있어서 앞으로 성장하고 확대될 사업임은 틀림없다. 물론 지상 운송을 100% 드론 운송으로 대체할 수는 없으므로, 배송의 성격에 따라 지상과 하늘로 이원화되어 운영될 가능성이 크다.

이런 관점에서 UAM 사업은 현재의 지상 운송과 미래의 하늘 운송을 잇는 모빌리티 허브 역할을 수행할 것이다. 배송에서 가장 중요한 일은 신속하고 정확하게, 효율적으로 구매자에게 물건을 전달하는 것이다. 그러므로 UAM 사업은 주요 중심 지역에 구축된 버티허브를 중심으로 지상과 하늘이 조합된 새로운 운송 경로를 구축할 수 있을 것이다.

효율적인 드론 운송 사업을 위해서는 운송 지역 내에 최대한 많은 물건을 배송해야 한다. 하지만 드론이 배송할 수 있는 물동량은 트럭보다 현저히 적을 수밖에 없으므로, 비용 대비 효율성이 떨어지는 문제가 발생할 것이다. 또한 드론의 장거리 이동 기술이 개발된다고 해도, 이동거리에 따라 배터리 충전이나 정비가 필요할 수 있다.

이러한 문제는 UAM 버티허브가 해결할 수 있을 것이다. 버티허브 내에 드론 물류 기지를 구축하여 최대한 많은 물건을 배송할 수 있으며, 드론 충전과 정비 역시 가능할 것이다. 버티허브는 이미 UAM 충전과 정비 시설을 갖추었기 때문에, 드론 충전과 정비 시설을 구축하는 것은 크게 문제되지 않을 것이다.

예를 들어 여러 지역에서 올라온 물건을 서울에 있는 버티허브에 보관한다면, 배송 드론은 버티허브를 기점으로 하여 인근 지역으로 물건들을 빨리 배송할 수 있다. 굳이 부산-서울, 울산-서울 등 장거리를 왕복할 필요도 없고, 출발지와 도착지를 일원화할 필요도 없다. 또한 사용자들의 선호도에 따라 트럭 to 트럭, 트럭 to 드론, 드론 to 드론까지 다양한 가격대의 배송 서비스를 제공할 수 있다.

드론 배송 서비스가 상용화되고 드론 기술[운송량/거리]이 더욱 발전한다면 버티허브를 구축한 UAM의 사업 영역을 확대할 수 있다. 드론 배송을 준비 중인 물류업체들은 기존의 물류센터와는 다른 형태의 거점이 필요할 것이다. 드론만을 위한 전용 거점을 만드는 것은 비효율적이므로, 버티허브에서 이런 역할을 수행한다면 UAM 사업자와 물류업체에 도움이 되는 사업 모델을 만들 수 있을 것이다. 물류업체는 거점 구축 비용을 줄이고, 교통의 중심지에 위치한 버티허브를 통해 최적화된 배송 경로를 설계할 수 있을 것이다. UAM 사업자는 버티허브의 활용 영역을 확대하면서 수익을 창출할 수 있고, 궁극적으로 교통수단을 넘어 로지스틱스 기능이 포함된 모빌리티 허브 역할을 수행할 것이다.

「스마트 물류 인프라 구축 방안」 발표
- 물류산업의 신산업 도약을 위한 3대 전략 마련 -

◈ 주요 추진 전략

❶ 차세대 물류 서비스 조기 구현

(1) 로봇 배송('26년)·드론 배송('27년) 조기 상용화 : 민·관 협의체 구성·운영, 기술 개발 및 사업화 지원 추진('23~)

(2) AI 기반 전국 당일배송 체계 구축 : 도심 내 MFC 허용('23)

(3) 차세대 물류 기술 구현 : 자율주행 화물차, 지하물류 배송 체계, 콜드체인 모니터링 시스템 등 구현(~'27)

❷ 세계 최고 수준의 물류 네트워크 구축

)2* 도심 물류 인프라 구축 : 도시첨단물류단지 조성 추진

)3* 글로벌 물류 기지 조성 : GB 규제 완화 등 제도적 기반 조성

)4* 물류 정보 통합 플랫폼 구축 : 물류 정보 통합 관리 및 민간 개방

❸ 첨단 기술 기반 물류 안전망 구축

)2* ICT 기반 화물차 모니터링 강화 : 화물차 실시간 관제 구축('27)

)3* 물류 시설 안전관리 시스템 구축 : '교통안전관리구역' 지정 추진

출처: 국토교통부

4

UAM, 부동산 사업과의 융합을 통한 새로운 주거 환경 조성을 선도하다

앞서 설명했듯이 UAM 사업이 대중화되면, 지금의 주거 환경은 많은 변화가 일어날 것이다. 우리나라에서 서울의 압도적인 부동산 가치는 경제 활동 구역과 교육 기회 등을 바탕으로 한다. 다만 현재의 인구 감소 추세를 보면 교육보다는 경제 활동이 더 큰 영향을 미칠 것으로 판단된다. 주요 기업의 사무실이 위치한 지역들, 즉 강남, 여의도, 판교 등의 지역과 인접에 있거나 교통 접근성이 뛰어난 곳의 부동산 가격은 점점 높아지고 있는 것을 보면 알 수 있다. 상대적으로 교외에 있는 지역보다 주거 환경(신축 아파트, 공원 조성 등)이 떨어지는데도, 부동산 가격은 서울 중심부가 압도적으로 높은 것이 이를 반증한다.

실제로 KB부동산이 매월 발표하는 단위면적당 아파트 매매 평균 가격과 지하철역 개수를 비교하면, 30개 이상의 지하철역을 보유하고 있는 강남구의 집값이 가장 비쌌으며, 서울 아파트 평균 가격보다 높은 서초구, 송파구, 용산구, 성동구, 마포구는 모두 지하철역이 19개 이상 있다. 이렇듯 핵심 지역에 대한 교통 접근성과 용이성은 부동산 가치에 큰 영향을 미치며, 현재까지 가장 큰 요인은 지하철이라 할 수 있다.

하지만 UAM 서비스가 대중화되고 서울 중심지에 버티포트나 버티허브가 구축되면 새로운 변화가 일어날 것이다. 우선 UAM을 통해 교외에서 서울 중심지로 이동이 간편해지면, 훌륭한 주거 환경을 보유한 교외 신도시들의 가치가 높아질 것이다. 출퇴근 이동 시간이 짧아진다면, 훨씬 저렴한 비용에 더 좋은 주거 환경을 보유한 지역에서 사는 것을 선호할 것이기 때문이다. 이런 현상이 지속되면, 버티허브나 버티포트가 구축된 지역의 가치도 함께 오를 것이다. 물론 성공적인 UAM 서비스 대중화가 선결 과제이지만, 이러한 변화가 가능하다면 UAM 산업은 한 단계 더 도약할 것이다.

쉬운 예로 지하철역이 있으면 부동산 가격이 올라가거나 스타벅스가 건물에 입주하면 그 건물의 가치가 높아지는 것처럼, 버티허브 보유 여부에 따라 해당 지역의 가치가 높아지고 버티포트를 보유한 대형 아파트 단지의 가치가 높아질 것이다.

그러므로 특정 지역이나 아파트가 UAM 운항지로 선정되기 위해 UAM 사업자에게 다양한 혜택을 제시할 것이다. 버티포트 부지를 무상으로 임대해주거나 고정 수요를 확보하는 등을 제안받아서 UAM 사업자로서는 더 많은 사업 기회를 얻고 수익을 창출할 수 있다.

개인적으로 물류 사업보다 부동산 사업과의 연계성이 더 큰 파급 효과를 가져올 것이라 생각한다. 사람들의 의식주에 해당하는 주거에 UAM 사업이 들어오면 더 많은 기회와 변화가 생길 것이다.

모든 모빌리티 서비스업체의 지향점은 교통수단을 넘어 라이프 스타일을 변화시킬 수 있는 서비스를 만드는 것이다. 모빌리티 생태계를 이끌면서 로지스틱스의 허브 역할을 담당하고 부동산 사업과 연계하여, UAM 사업은 기존의 어떤 모빌리티 서비스보다 사람들의 일상을 변화시킬 수 있는 모빌리티 라이프 서비스로 자리매김할 것이다.

5

건설 사업의 새로운 먹거리가 되는 버티포트와 버티허브

UAM 사업을 위한 필수 인프라인 버티포트와 버티허브는, 앞서 기술한 것처럼 건설사들을 중심으로 사업을 전개할 것이다. 국내 대형 건설사들은 이미 버티포트 선점을 위해 기술 개발과 UAM 사업체들과의 컨소시엄을 꾸리고 있다. 앞서 기술한 K-UAM 그랜드챌린지에 참여한 현대건설과 대우건설, GS건설이 그 대표적인 기업이라 할 수 있다.

현대건설은 현대자동차, KT와 컨소시엄을 이루면서, 최적화된 버티포트 설계를 목표로 에어사이드, 보안 검색, 승객 터미널 등 주요 항목에 대해 설계와 시공 기술을 발굴하고 UAM 사업에 맞는 거점 모델을 개발할 예정이다. 대우건설은 제주항공과 컨소시엄을 이루면서, 마찬가지로 버티포트 설계와 최적의 입지 선정을 위한 모델을 개발하면서 사업 실증에 나서고 있다. GS건설은 카카오모빌리티, LG유플러스와 컨소시엄을 이루면서, 버티포트 설계와 시공 그리고 부지 선정을 위한 모델 개발에 나서고 있다.

건설사로서는 UAM 버티포트 구축 확대는 또 다른 사업 기회를 창출한다는 점에서 굉장히 매력적인 영역이다. 이런 상황에서 UAM업체는 건설사들과의 협업을 통해 버티포트와 버티허브의 기능을 더욱 확장할 수 있다. 고유의 기능인 UAM 이착륙을 위한 거점이 아니라 다양한 부가 가치를 창출할 수 있는 거점으로 만드는 것이다.

앞서 언급한 바와 같이 버티포트나 버티허브는 초연결 모빌리티 서비스 생태계의 중심이 되는 모빌리티 통합 거점, 로직스틱스 사업 연계를 위한 모빌리티 허브, 주거 환경 내 구축되는 복합 거점 등으로 활용될 것이다. 따라서 UAM 사업에 대한 방향성과 전략을 명확히 한 후

2023 드론쇼코리아에 참여한 GS건설의 버티포트 부스 (출처: GS건설)

건설업체와의 협업을 통해 더욱 고도화된 UAM 거점을 만들 수 있을 것이다.

한편 건설업체는 기존의 사업군에 버티포트, 버티허브 영역을 추가해 사업 모델을 확장할 수 있고 이를 통해 수익을 향상시킬 수 있다. 또한 버티포트와 버티허브 구축에 대한 전문성을 확보할 수 있다면 글로벌 시장으로 진출할 수도 있다.

물론 현재 버티포트 사업 영역에서는 어반에어포트, 스카이포츠 등 버티포트 특화 기업들이 앞서 있는 것이 사실이다. 하지만 기존 건설사들이 지닌 역량과 자본을 바탕으로 버티포트 사업에 적극적으로 참여한다면, 버티포트 사업의 주도권을 건설사들이 확보하는 것은 시간문제로 보인다.

6

UAM, 새로운 관광 사업의 길을 열다

현시점에서 교통을 제외하고 UAM 사업과 가장 활발히 연계되는 시범 산업은 관광이다. 관광지까지의 이동 시간을 단축할 뿐만 아니라, UAM 항공기를 타고 기존에 볼 수 없던 전경을 감상할 수 있다는 점에서 좋은 여행 상품을 개발할 수 있다. 물론 지금도 헬리콥터나 경비행기를 타고 유명 관광지를 구경하는 상품은 있지만, UAM 항공기는 다음과 같은 이유로 더 나은 경험을 제공할 수 있다.

1) 소음과 진동

경비행기나 헬리콥터와 비교했을 때, UAM 항공기의 가장 큰 장점은 바로 소음과 진동이다. 그랜드캐니언 경비행기 투어를 경험해본 사람은 알겠지만, 경비행기 창문을 통해 내려다보는 웅장하고 아름다운 그랜드캐니언의 전경이 멋지긴 해도 엄청난 소음과 진동으로 인해 여행의 매력도가 떨어지는 것도 사실이다. 심지어 헬리콥터는 비행기보다 소음이 더 크다.

이에 비해 UAM 항공기는 소음이 거의 발생하지 않으며 진동 또한 적다. 이런 쾌적한 환경에서 멋진 전경을 볼 수 있다면 기존과 다른 매력적인 여행 상품이 될 것이다.

2) 탑승 요금

UAM 사업 초기의 서비스 요금은 높게 책정될 것으로 예상되지만, 현재의 경비행기와 헬리콥터 관광 상품보다는 낮게 책정될 것이다. 일단 경비행기와 헬리콥터 관광 상품의 경우 관광의 측면에서만 기체를 운용할 수 있지만, UAM 항공기의 경우 이동용과 관광용으로 사용할 수 있다. 즉, 관광이라는 제한적인 용도로만 사용되는 것이 아니라 운항 스케쥴에 따라 교통수단으로, 그리고 관광용으로도 탄력적으로 운용될 수 있다. 이를 통해 최적화된 가동률을 유지할 것으므로, 기존의 관광 상품보다는 상대적으로 경쟁력 있는 가격을 책정할 수 있다.

3) 관광 범위

진동과 소음, 서비스 요금 그리고 친환경적 요인으로 UAM 항공기 관광 상품은 기존에 가지 못했던 여행 경로를 개척할 수 있다. 경비행기와 헬리콥터의 이착륙장 구축을 위한 부지 선정과 이에 따른 환경 오염, 적은 수요 등의 문제로 인해 갈 수 없었던 장소라도 UAM 항공기를 이용하면 방문할 수 있다.

전기를 동력으로 하는 UAM 항공기는 운항상에서 환경오염 이슈가 없으며, 수직 이착륙인 eVTOL라면 활주로가 필요 없기 때문에 이착륙장 부지를 확보하기도 용이하다. 또한 이동과 여행 수단으로 활용되는 UAM 항공기는 충분한 수요가 없어서 방문할 수 없었던 곳도 여행 상품으로 운용할 수 있을 것이다. 물론 수요를 감안하여 적정한 요금을 책정해야 할 것이다.

이런 이유로, 현재 경비행기나 헬리콥터를 활용한 여행 상품은 향후 UAM 항공기로 대체될 가능성이 높다. 물론 버티포트 구축, 충전, 전문 인력 운영 등 투자 비용도 많이 들고 해결할 제반 사항도 많겠지만, UAM 항공기로 전환되는 것은 정해진 수순으로 보인다.

국내에서도 이미 각 지역별로 UAM 기반의 관광 사업을 추진하려 준비하고 있다. 국토교통부는 당초 서울을 비롯한 수도권을 중심으로 UAM 시범 사업을 준비 중이었다. 그러나 UAM 활용 범위 확대와 지역 균형 발전을 위해 비수도권 지역까지 UAM 시범 사업 범위를 확장했다.

이에 K-UAM 그랜드챌린지에 참여한 업체와 각 지자체와의 업무협약식을 통해 관광 사업을 확대할 준비를 하고 있다. SK텔레콤, 한국공항공사, 한화시스템 등이 참여하는 K-UAM 드림팀은 2022년 9월

제주도, 10월 대구 그리고 2023년 경상남도와 UAM 사업 협력 체계를 구축했다. 특히 경상남도 남해안의 경우 한려해상국립공원을 비롯해 876개의 섬과 27개의 해수욕장 등 다양한 관광지가 있어서, UAM 항공기를 활용한 항공 관광에 대한 수요가 높을 것으로 보인다.

관광은 이동 시간을 단축하고 새로운 여행 상품을 만들 수 있다는 점에서 UAM 사업과 시너지를 높일 수 있는 산업임은 틀림없다. 다만 추가 비용을 지불하고라도 사람들이 이용할 만큼 매력적인 여행 상품을 만드는 것이 무엇보다 중요하다. 하늘을 나는 것만으로 여행 상품을 개발한다면, 초기에는 어느 정도 수요를 확보할 수 있겠지만 지속되기는 어렵다. 그러므로 기존에 없었던 새로운 경험을 제공하여 사람들의 관심을 끌 수 있는 관광 상품 개발이 필요하다.

또한 여행지 이동, 숙박 시설 연계 등 다양한 관광 인프라와 접목된 여행 상품 패키지로 구성하여, 여행과 관련된 다양한 혜택을 얻을 수 있는 종합 상품으로 개발하는 방법도 고려해야 한다.

UAM 사업 시나리오 2

2030~2035년, UAM 상용화의 시대_ 실증을 넘어 새로운 모빌리티 서비스로 안착되다

UAM 실증 사업을 통해 초기의 서비스를 선보이고 약 3~4년이 지나면 본격적인 UAM 상용화 시대가 도래할 것이다. 현실적으로 본다면 2030년 이후가 되지 않을까 생각된다. 물론 실증 사업 기간 동안 UAM 항공기 품질 관리 체계가 정립되고 안전 문제가 해결되어야 한다. 게다가 서비스 운영에 맞게 정책과 규제가 개선되고, UAM업체는 명확한 사업 전략에 기반하여 서비스 운영 체계를 구축한 상태여야 한다.

이 시점이야말로 본격적인 UAM 사업의 성장기라 할 수 있다. UAM 항로는 점차 확대되고, 버티포트와 버티허브의 수도 늘어날 것이다. UAM 항공기 개발 및 양산 기술의 발전에 따라 점차 항공기 생산 비용은 낮아질 것이며, 사업 초기보다 상대적으로 저렴하게

UAM 서비스를 이용할 수 있을 것이다.

이때부터는 UAM업체들도 수익을 창출해야 하며, 더 나은 사업 구조를 구축하기 위해 노력해야 한다. UAM 사업자들 간의 격차도 벌어지고, 핵심 역량을 바탕으로 시장 내에서 확고한 경쟁 우위를 가진 기업들이 UAM 사업을 선도할 것이다.

미국, 유럽, 중국 등 주요 국가들 역시 활발하게 UAM 사업을 추진할 것이나. 이에 국내 기업들은 글로벌 시장으로 진출할 기회를 얻을 것이다. 특히 UAM 항공기 개발부터 서비스 운영까지 가능한 현대자동차그룹이나 한화그룹은 표준화된 사업 모델을 바탕으로 글로벌 UAM 사업으로 진출할 수 있고, 국내 중심으로 사업을 운영한 SK그룹이나 카카오모빌리티 역시 해외 시장에 진출할 기회를 잡을 것이다.

사업 구조적인 관점에서 수직이착륙 항공기인 eVTOL뿐만 아니라 eSTOL도 사용되면서 지방 공항과 버티허브의 통합이 진행되고, 본격적인 UAM 생태계가 조성될 것이다. eVTOL과 버티포트 기반의 도심 내 이동과 eSTOL과 버티허브를 기반으로 한 지역 간 이동 역시 활발히 운영될 것이다.

또한 서비스 안전성을 바탕으로 자율비행을 도입하는 것을 구체적으로 검토할 것이며, 각 이해관계자 간의 열띤 논쟁이 펼쳐질 것으로 보인다.

서비스 관점에서 보면, UAM의 메인 사업 영역은 교통수단이고 일부 지역에서는 관광 사업과 연계되어 서비스 상품이 운영될 것이다. 물론 UAM 항공기를 관광용으로만 운영한다면 사업성을 장담할 수 없기에 교통수단과 관광용이 혼재되어 사용될 가능성이 높다. 서비스 상용화에 초점을 둔 시기이기에 다른 사업과의 융합까지는 어렵겠지만, UAM 사업 영역을 확대하기 위해 다양하게 검토하는 시기일 것이다.

모빌리티 서비스업체들은 UAM 사업과의 연계성을 위해 다양한 서비스 프로세스를 검토하여 제시할 것이다. 이는 서비스 고객 경험 개선이라는 측면에서 UAM 사업자들에게도 긍정적이며, 다른 모빌리티 서비스업체들 역시 새로운 사업 기회를 만들 수 있기에 더욱 적극적으로 나설 것이다.

또한 이 시점부터는 UAM 산업에서 정부 기관이나 공기업보다 민간 기업의 영향력이 더 높아질 것이다. 물론 항로, 버티포트 위치 등은 정부 기관과의 합의가 필요하지만 운항 서비스, 버티포트 구축 등은 민간 기업이 중심이 되어 운영될 가능성이 높다.

3장

UAM 시대를 준비하는 기업 사례를 보면 사업이 보인다

전 세계적으로 UAM을 준비하는 기업은 많다. 우리나라 대표 기업인 현대자동차그룹은 UAM 생산과 버티포트 구축, 서비스 운영을 위해 그룹 차원에서 역량을 집중하고 있다. 토요타, 스텔란티스, 다임러, 지리와 같은 완성차업체들도 간접적으로 조비, 볼로콥터, 아처와 같은 UAM 개발업체에 투자하고 있으며, 아마존과 항공사들 역시 베타, 버티컬과 같은 개발업체에 투자를 진행하고 있다. UAM 개발 외에도 버티포트 전문 업체들도 점점 늘고 있으며, 버티포트 개발뿐만 아니라 이를 통한 운항 서비스를 준비 중인 기업도 있다.

국가별로 UAM 사업 경쟁력을 본다면, 미국이 가장 앞서 있다. 일단 UAM 사업에서 가장 중요한 영역인 UAM 항공기 개발에서 가장 앞선 조비뿐만 아니라 오버에어, 베타, 아처, 이브 등 다양한 업체가 사업에 참여하고 있기 때문이다.

UAM 항공기의 경우 아직 명확한 인증 체계가 잡히지 않았지만, 이 역시 미국과 유럽 중심으로 정립될 가능성이 높다. 그런 관점에서 현대자동차그룹이 슈퍼널 본사를 미국에 설립한 것도 같은 맥락으로 볼 수 있다.

UAM 사업에 참여하는 업체가 많고 항공기 인증 등 사업에 유리한 조건이 많다는 것은 그만큼 우수한 인력이 많이 몰린다는 의미이며, 이는 UAM업체의 경쟁력을 높여주는 기반이 될 것이다.

물론 유럽에도 영국의 버티컬 에어로스페이스, 독일의 릴리움과 볼로콥터 등 다수의 UAM 항공기 개발업체들이 있으며, 파리의 Group ADP, 영국의 어반에어포트 등 버티포트 구축에 선도적인 기업도 있기 때문에 미국과 함께 UAM 시장의 선도국이 될 것이다. 현재도 UAM의 기체 인증 및 버티포트에 대한 인증 체계나 규정 역시 미국연방항공인 FAA와 유럽항공안전청인 EASA가 주도하고 있다.

이런 측면에서 보면 UAM 사업은 정부 정책에 따라 실현 단계가 정해질 것이기에, 정부의 강력한 주도로 정책을 수립하고 적용할 수 있는 중국 역시 자국에 한해서는 빠르게 서비스를 상용화할 것이다.

물론 이 중에서 실제로 사업까지 구현할 수 있는 업체는 그리 많지 않을 것이다. 글로벌 기업으로부터 투자를 받았다고 해도, 시제기 개발을 넘어 사업 실증과 상용화까지는 수많은 비용과 기술, 사업 기회가 필요하기 때문이다.

UAM 항공기를 수주받고 안정적인 투자를 받아 사업 실증에 가까운 업체도 늘어나고, UAM 항공기 개발업체와 버티포트 개발업체 간의 협업도 활발히 진행되고 있기에 UAM 서비스를 경험할 날은 그리 멀지 않았다고 본다.

이 장에서는 UAM 사업 부문에서 두각을 나타내고 있는 기업 중에서 우리나라 UAM 사업과 관련이 높은 업체를 중심으로 살펴본다. 국내의 대표적 UAM 선도 기업이라 할 수 있는 현대자동차그룹, 한화그룹뿐만 아니라 K-UAM 그랜드챌린지에 참여하고 있는 SK텔레콤과 카카오모빌리티 등 주요 업체들과 협업하고 있는 UAM 항공기 개발업체인 조비 에비에이션, 버티컬 에어로스페이스, 일렉트라 에어로가 그 대상이다.

또한 국내 현대자동차그룹, 한화시스템, 롯데그룹과 협력 관계에 있으며 버티포트 구축에 있어 선도 기업이라 할 수 있는 어반 에어포트와 스카이포츠도 같이 살펴볼 것이다.

1

현대자동차 & 슈퍼널

현대자동차그룹은 한화그룹과 함께 UAM 개발, 버티포트 설계, 운항 서비스를 아울러 UAM 사업의 A부터 Z까지 모든 영역을 준비 중이다.

현대자동차그룹이 2019년 UAM 사업 진출을 선언하면서, 담당 조직을 신설하고 영입한 신재원 박사가 UAM 개발을 담당하고 있다. 신재원 박사는 NASA의 항공연구총괄본부를 11년 동안 이끌었으며, 이러한 역량을 바탕으로 현대자동차그룹의 UAM 개발을 총괄하고 있다. 2020년 6월 현대자동차 자회사로 제네시스 에어 모빌리티라는 회사를 설립했고, 신재원 박사가 CEO를 역임했다. 2021년 8월에 슈퍼널로 사명을 변경했다.

슈퍼널은 미국 워싱턴, 캘리포니아에 총 3개의 거점을 두고 있다.

워싱턴 거점은 정책과 상업 관련 업무를 담당하는 허브이며, 캘리포니아 프리몬트에는 R&D센터가 있고, 캘리포니아 어바인에는 엔지니어링 본사를 두고 있다.

아직 구체적인 eVTOL 시제기가 나오지는 않았지만, 2022년 캐빈 콘셉트, 항공기의 외관과 탑승객, 이동 시간 등에 대한 정보를 공개했다.

슈퍼널에서 공개한 자료에 따르면, 콘셉트 항공기 S-A1은 총 8개의 로터가 탑재됐으며, 조종사를 포함해 총 5명이 탑승할 수 있고 최대 약 100km를 비행할 수 있다. 최고 속도는 290km/h에 비행 고도는 300~600m로, 미국, 국내, 유럽연합의 UAM 회랑 기준을 충족하는 성능이다.

슈퍼널 eVTOL의 캐빈 콘셉트 (출처: 슈퍼널)

예를 들어 런던 히드로공항에서 런던 중심지까지 자동차로는 약 1시간 15분이 걸리지만, S-A1를 이용하면 14분 만에 도착할 수 있다. 런던 중심지의 교통 상황을 감안하면 실제로는 더 많은 시간을 단축할 수 있을 것이다.

현대자동차그룹은 국내, 미국, 유럽에서 UAM 사업을 운영할 계획이며, 국내에서는 이미 K-UAM 그랜드챌린지에 참여하고 있다. 버티포트 건설은 현대건설이 담당하고, UAM 운항 서비스는 현대자동차가 담당할 것으로 보인다. 미국에서는 어떤 사업 구조를 활용할지 구체화되지는 않았지만, 이미 UAM 사업 확대 관련하여 미국 정부와 적극적으로 논의 중인 것으로 알려졌다.

또한 현대자동차는 2020년 7월에 영국의 UAM 지상 인프라 구축 전문 기업인 어반 에어포트와 파트너십을 체결했고, 2021년 1월 영국 내 버티포트 구축 계획을 양사가 함께 발표하기도 했다.

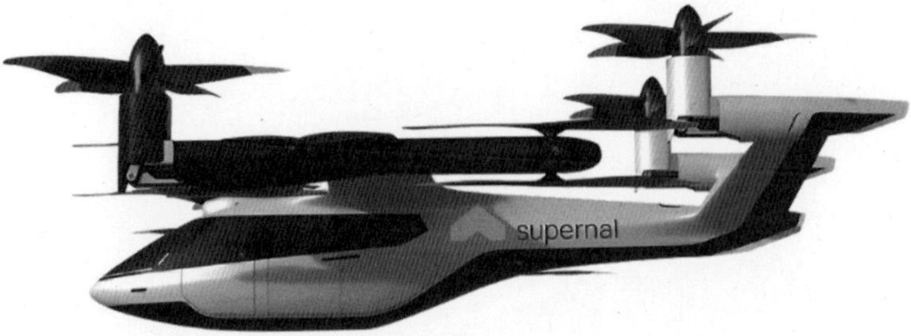

슈퍼널 콘셉트 항공기 S-A1 (출처: 슈퍼널)

물론 현대자동차그룹은 다른 주요 UAM업체에 비해 UAM 시제기도 공개하지 못한 상황이라 사업 속도 면에서는 늦을 수도 있다. 개인적으로는 국내 기업 중에서는 한화그룹이 가장 먼저 UAM 사업을 운영할 것으로 생각한다. 그럼에도 현대자동차그룹을 가장 먼저 설명한 이유는 그룹이 가진 막강한 자본력과 사업에 대한 의지 때문이다. 중장기적 관점에서 구체적인 전략 방향과 계획에 따라 실행력이 뒷받침된다면, 현대자동차그룹은 글로벌 시장에서 강력한 UAM 사업자가 될 것으로 보인다.

2

한화시스템 & 오버에어

오버에어는 2019년 카렘 에어크래프트에서 분사한 기업으로, 우리나라에서 최초로 UAM 사업을 추진한 한화시스템이 약 2,500만 달러를 투자하면서 지분 30%와 이사회 의결권을 갖고 있는 업체다.

오버에어와 한화시스템이 개발 중인 eVTOL은 버터플라이로, 파일럿을 포함하여 6명이 탑승할 수 있으며 운항 속도는 320km/h, 항속거리는 약 160km다. 오버에어는 한화시스템과 한화 에어로스페이스로부터 1억 4,500만 달러를 추가로 투자받았으며, 2023년 하반기에는 UAM 시제기 제작을 완료할 수 있다고 밝혔다. 2021년에는 영국의 브리스토와 파트너십을 체결했으며, 항공기 20~50대를 판매하기로 가계약을 체결하기도 했다.

버터플라이에는 오버에어만이 보유한 핵심 기술과 한화시스템의 센서, 레이더, 항공 전자 기술이 적용됐다. 이에 오버에어는 버터플라이가 eVTOL 중 가장 안전하고 효율적인 기체라 주장한다. 오버에어의 핵심 기술은 OSTR[Optimum Speed Tilt Roto, 최적 속도 틸트 로터]로 오버에어의 전신인 카렘 에어크래프트의 창업자인 에이브러햄 카렘이 개발한 기술이다. OSTR은 로터의 회전수와 방향을 제어하여 최적화된 기체 성능을 구현하는 기술로, 고성능, 고효율의 기체 운항이 가능하고 이착륙 시 로터의 회전 속도를 저속으로 낮출 수 있기에 소음도 줄일 수 있다.

K-UAM 그랜드챌린지에 참여 중인 한화시스템은 2단계 실증 사업에 오버에어의 버터플라이를 투입할 계획이라고 밝혔다. 한화시스템은 국내 최초로 UAM 시장에 진출하면서 사업 로드맵도 수립했다.

오버에어의 버터플라이 (출처: 오버에어)

한화시스템은 Global UAM Solution Provider라는 비전 아래, UAM 항공기 개발뿐만 아니라 서비스와 인프라 등 미래 모빌리티에 대한 토털 솔루션을 제공하는 것을 목표로 하고 있다. 한화시스템은 우리나라 기업 중에서는 최초로 UAM 항공기 개발에서 실제 서비스 운영까지 선보일 수 있는 기업이 될 것으로 보인다.

2019
07월: 국내 최초 UAM 시장 진출 발표

2020
02월: 미국 오버에어 사와 함께 에어택시 '버터플라이(Butterfly)' 공동 개발
06월: 국토교통부 주관 'UAM 팀 코리아'에서 업계 대표로 선정
11월: 한국공항공사와 김포공항 버티허브 청사진 공개

2021
01월: 한화시스템·한국공항공사·SKT·한국교통연구원의 네 기관이, 기체-버티포트-서비스 'UAM 밸류체인' 구축 협약을 맺음
05월: 영국의 UAM 인프라 전문 기업 스카이포츠와 인프라 개발 협약을 체결함
12월: 세계 최대 헬리콥터 운영업체 영국 브리스토 사, 버터플라이 20~50대 물량 선구매 협약

2022
상반기: 추진 시스템 지상 시험 완료

2023
시험용 시제기 제작 및 비행 시험 진행

2024
인증 기체 비행 시험

2025
FAA TC(형식 증명), PC(제작 증명) 획득
서울-김포 노선 시험 운행 시작

2026
상용화 서비스

한화시스템의 UAM 사업 로드맵 (출처: 한화시스템)

3

조비 에비에이션

조비는 2009년에 설립되어, 전 세계 UAM 항공기 개발업체 중 가장 유망하다고 평가 받는 업체다. 2019년에는 이미 시제기 개발을 완료했고, 토요타와 전략적 제휴를 맺기도 했다. 2020년 우버의 UAM 사업부인 우버 엘리베이트를 인수하면서 우버와의 파트너십을 강화했다. 이는 향후 UAM 서비스 플랫폼항공기 승차 공유 서비스과 우버 플랫폼을 통합하는 기반이 될 것으로 보인다.

한편 2022년에는 상업용 항공 택시 서비스를 운영할 수 있는 인증을 받기도 했다. 이를 통해 UAM 항공기 개발뿐 아니라 운항 서비스를 운영할 수 있는 자격을 얻었으며, 사업 확대 관점에서 긍정적인 성과로 볼 수 있다.

조비가 개발 중인 UAM 항공기 S4는 4인승 기체로 240km를 운항할 수 있으며, 운항 속도는 320km/h다. 조비에 의하면 뉴욕 다운타운 헬리포트에서 JFK 공항까지 7분 만에 도착할 수 있다고 한다. 이는 차로 이동하는 49분보다 빠른데, 뉴욕의 교통 체증을 생각한다면 더 빠르게 이동할 수 있을 것이다.

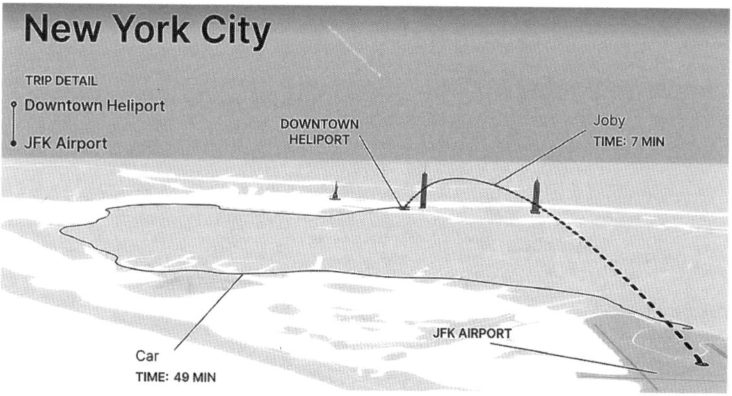

조비의 예상 운항 경로 (출처: 조비 에비에이션)

또한 조비는 K-UAM 그랜드챌린지에 참여한 SK텔레콤과 협업하고 있다. SK텔레콤은 K-UAM 드림팀에 참여하여 기체와 운항 영역을 담당하고 있다. 이를 위해 SK텔레콤은 조비와 2022년 1월 전략적 파트너십을 체결했으며, 2023년 6월에 1억 달러를 투자하면서 2%의 지분을 확보했다. 이를 통해 SK텔레콤은 조비에서 생산하는 UAM 항공기의 국내 독점 사용권을 확보했고, UAM 연구 개발 협력과 국내 UAM 생태계 조성을 위한 사업 협력에도 합의했다.

조비 역시 국내 UAM 시장에 본격적으로 참여할 것이며, 앞으로 국내 다양한 모빌리티 기업과 제휴할 것으로 보인다.

현시점에서 조비는 UAM 항공기 개발업체 중 가장 우수한 기술력과 자본력을 보유하고 있다. 추정치이지만, 2023년 6월 기준으로 약 12억 달러에 달하는 현금성 자산을 보유한 것으로 보이는데, 이는 경쟁사인 버티컬, 아처 등과는 비교할 수 없는 자금력이다. 이를 바탕으로 조비는 안정적으로 UAM 항공기 개발에 전념할 수 있을 것이며, 가장 빨리 상용화할 수 있는 UAM 항공기를 만들 것으로 보인다.

(출처: 조비 에비에이션)

4

버티컬 에어로스페이스

버티컬 에어로스페이스는 2016년도에 설립된 영국의 eVTOL 개발업체다. 2018년 영국 최초로 eVTOL 시험 비행에 성공했고, 현재 VX4를 개발 중인데 파일럿 포함 총 5명이 탑승할 수 있는 항공기다. 운항속도는 320km/h, 항속 거리는 약 160km로, FAA로부터 설계조직인증을 획득하기도 했다.

버티컬은 다른 UAM 항공기 개발업체들과 달리 운항 서비스는 준비하지 않고 UAM 개발과 생산에만 집중하고 있다. 아직 시제기가 나오지 않았지만, 아메리칸 에어라인, 버진 애틀란틱, 아볼론, 브리스토, 마루베니, 이베로제트, 플라잉그룹, 재팬 에어라인 등 여러 항공사에서 약 1,400대의 항공기 선주문을 받아놓은 상황이다.

버티컬 에어로스페이스의 VX4 (출처: 버티컬 에어로스페이스)

버티컬은 국내 업체들과의 협업도 활발한 편이다. 2022년에 한화에어로스페이스와 VX4용 전자 기계식 액추에이터 시스템 개발 및 공급을 위한 협업식을 발표했는데, VX4 전용의 전자 기계식 액추에이터의 설계, 테스트, 제조 및 공급을 위한 공동 개발 프로그램을 수립하기로 합의했다. 또한 K-UAM 그랜드챌린지에 참여하고 있는 카카오모빌리티의 UAM 항공기로 버티컬의 VX4가 결정됐고, 카카오모빌리티는 VX4 항공기 50대를 선주문했다. 카카오모빌리티는 기존의 MaaS 플랫폼을 기반으로 UAM 서비스를 추가하고, 하늘과 땅 모두를 포함한 모빌리티 여정을 만들어나갈 계획이다. 이를 통해 버티컬은 국내 UAM 시장에 진입하게 됐다.

(출처: 버티컬 에어로스페이스)

버티컬은 UAM 항공기 생산 전문 기업으로, 다른 UAM 업체들과 어떤 차이점을 보일지 기대된다. 정확한 양산 시점은 아직 정해지지 않았지만, 실제로 VX4의 운행을 볼 날은 그리 멀지 않았다고 생각한다. 다만 UAM 운항 서비스 없이 UAM 항공기 개발 및 생산에 집중하는 사업 모델이 수익성 관점에서 어떤 결과를 거둘지는 나중에 판단할 수 있을 것이다.

지금까지 살펴본 eVTOL 개발업체들은 국내 기업이거나 국내 업체들과 협업하여 K-UAM 그랜드챌린지에 참여하는 업체다. 아마 우리나라에서 UAM 서비스가 운영된다면 이 업체들이 만든 eVTOL로 운항될 가능성이 높을 것이다.

조비, 버티컬, 오버에어가 제작 중인 UAM 항공기들의 기본 스펙은 다음과 같다.

구분	조비	버티컬	오버에어
	S4	VX4	버터플라이
탑승 인원	5명 (파일럿 포함)	5명 (파일럿 포함)	6명 (파일럿 포함)
운항 속도	320km/h	240km/h	320km/h
항속 거리	150+mile	100+mile	100+mile
소음	-	<50db	<40db
국내 협력사	SKT	카카오 모빌리티	카카오 모빌리티

5

일렉트라 에어로

일렉트라 에어로는 앞서 소개한 조비, 버티컬, 오버에어와 달리 eVTOL이 아닌 eSTOL을 개발하는 업체다. 일렉트라 에어로는 오로라 플라이트 사이언스의 창립자면서 오랜 기간 CEO를 역임한 존 랭포드가 2020년에 창업한 회사다.

일렉트라 에어로는 eSTOL의 장점이 UAM 사업을 하는 데 더 유리하다고 주장한다. 첫 번째 이유는 eSTOL의 우수한 에너지 효율이다. 동일한 유상하중승객과 화물을 운반할 때 eVTOL의 절반 미만의 에너지로도 가능하기에 더 먼 거리를 이동할 수 있고, 잦은 충전 없이도 운항할 수 있기에 가동률도 뛰어나다는 것이다.

두 번째 이유는 안전성으로, 날개나 로터가 기울어지는 현상이 없고 호버나 트랜지션이 없기 때문에 eVTOL보다 안전하다는 점이다.

마지막은 인증과 사업 운영 관점에서의 용이성이다. eSTOL은 쉽게 표현하면 전기 비행기라 할 수 있는데, 완벽히 새로운 기체인 eVTOL보다는 FAA로부터 인증을 받기 쉬우며, 기존의 파일럿 자격증으로도 운항할 수 있다고 한다. 물론 eSTOL은 도심 내 이동보다는 지역 간 이동에 적합한 항공기이므로 어떤 사업 구조를 만들지가 더 중요할 것이다.

일렉트라 에어로가 개발하고 있는 eSTOL은 모델명EL-2, 일명 골드핀치Goldfinch로, 노란색의 외관이 북미 토착새인 골드핀치를 닮아 이런 이름이 붙었다고 한다. 골드핀치는 승객 9명에 파일럿 2명을 포함하여 총 11명이 탑승할 수 있으며, 탑승객마다 수화물 50lb약 22kg를 실을 수 있다고 한다. 또한 항속 거리는 약 740km로, 확실히 eVTOL에 비하면 운항 거리는 긴 편이다.

일렉트라는 2023년 6월 골드핀치 시제기를 공개했고, 2025년 시제기 비행과 인증을 통해 2028년 서비스 개시를 목표로 하고 있다. 이미 일렉트라의 eSTOL은 브리스토, 레이븐 알래스카, 유고 등 30개 이상의 주요 업체에서 약 1,200대의 항공기를 사전 주문받았으며, 시장의 수요는 40억 달러 이상이라고 한다.

일렉트라 에어로를 이 책에서 소개한 이유는 K-UAM 그랜드챌린지에 참여 중인 롯데컨소시엄 소속인 민트에어에서 2022년 9월 일렉트라 에어로의 eSTOL을 50대 구매하기로 발표했기 때문이다. 물론 민트

일렉트라 에어로의 골드핀치 (출처: 일렉트라 에어로)

(출처: 일렉트라 에어로)

에어는 일렉트라 에어로의 eSTOL 외에도 스카이워크스, 오디스, 존트 에어모빌리티의 eVTOL 구매 의향서를 체결하기도 했다. 이를 통해 민트에어는 UAM과 RAM 서비스 제공을 목표로 하고 있다.

민트에어는 2014년에 설립된 기업으로, 초기에는 슈퍼 열전도체를 개발해 국내 및 해외 주요 기업에 납품했으나, 2020년에 전기 비행기 운항 사업으로 전환한 업체다. 아직은 스타트업 규모인 민트에어의 사업 실현 가능성은 좀 더 지켜봐야 할 것이다.

6

어반에어포트

어반에어포트는 영국의 버티포트 전문 개발업체로 2020년에 설립됐다. 어반에어포트는 버티포트 설계, 개발, 생산, 판매, 운영까지 전 사업 영역을 다루고 있는데, 이는 UAM, 드론 등 도심항공 교통과 운송을 위한 지상, 항공, 디지털 인프라까지 모든 것을 포함하는 것이다.

지상 인프라는 고객 라운지, 항공기 관제, 항공기 관리, 항공기 충전, FATOFinal Approach and Take-off, 항공기 이착륙 공간 등이 있고, 항공 인프라의 경우 4G/5F 플랫폼, 인증과 검증을 위한 테스트 및 평가, 항공 공역 규정 개발 등이 있다. 디지털 인프라의 경우 디지털 앱, 예약 포털, 고객 멤버십, 이커머스 플랫폼 등이 있다. 어반에어포트는 버티포트라는 거점을 설계할 뿐 아니라, 버티포트를 운영하기 위해 필요한 것을 제시하고 이를 상품화하고 있다.

어반에어포트는 2022년 4월에 버티포트 기술 시연을 위한 에어원을 영국 코번트리 시내에서 선보였다. 에어원은 드론과 eVTOL이 이착륙할 수 있는 직경 46m 크기의 돔 형태의 버티포트로, 헬기장의 60% 크기다. 조립이 가능한 모듈형 구조로 가격 경쟁력이 우수하고 신속한 인프라 설치가 가능한 것이 장점이다. 에어원을 선보인 3주 동안 주요 글로벌 기업, 정부 기관, 언론, 일반 대중을 포함해 15,000명이 넘는 방문객이 참석했고, 100회 이상 성공적인 드론 비행을 시연하기도 했다.

어반에어포트는 버티포트 선도 업체라는 이유 외에도 국내 대표 기업인 현대자동차그룹과 활발한 협업 관계에 있다는 점에서 주목할 필요가 있다. 지난 2020년 8월 현대자동차그룹은 어반에어포트와 업무 협약을 체결했고, 5개년 계획으로 UAM 항공기 개발, 버티포트 설계

어반에어포트에서 선보인 에어원 전경 이미지 (출처: 어반에어포트)

등 UAM 인프라를 구축하려 준비하고 있다. 2022년 1월 현대자동차그룹은 전략적 투자를 통해 어반에버포트의 지분을 인수했으며, 에어원에는 슈퍼널의 UAM 항공기인 S-A1의 실물 크기 모델이 전시되기도 했다. 어반에어포트는 현대자동차그룹과 협력해, 향후 5년 내에 영국, 프랑스, 독일 등 유럽은 물론 한국, 미국 등 주요 65개 도시에 200개 이상의 에어원을 구축한다는 계획을 발표했다.

수많은 버티포트업체가 있지만, 어반에어포트를 처음으로 제시한 것도 바로 이런 이유에서다. 버티포트업체 단독으로 UAM 산업에 참여하여 실질적인 결과물을 만들어내기는 쉽지 않다. 중장기적 관점에서 사업을 하려면 UAM 항공기 개발, 운항 서비스 등을 준비하고 있는 기업과의 전략적 제휴를 통해 안정적인 투자와 공급처를 확보하는 것이 무엇보다 중요하다. 이러한 관점에서 현대자동차그룹과의 협업을 통해 구체적인 버티포트 구축 계획을 수립하고 있는 어반에어포트는 다른 업체들에 비해 앞서 있는 것은 사실이다.

어반에어포트가 제시한 도심 내 버티포트인 에어원 그라운드, 바다 위 버티포트인 에어원 워터, 건물 위에 설치하는 버티포트 루프톱 등 다양한 형태의 버티포트들을 볼 수 있기를 기대해본다.

에어원 그라운드 (출처: 어번에어포트)

에어원 루프톱 (출처: 어번에어포트)

에어원 워터 (출처: 어번에어포트)

7

스카이포츠

스카이포츠는 2018년에 설립된 버티포트 회사로, UAM 사업을 위한 지상 인프라 개발에 특화된 업체다. eVTOL의 이착륙과 운항을 위한 버티포트 디자인, 건축, 운영을 전문으로 하며, 드론 배송과 검사 서비스도 운영하고 있다. 스카이포츠는 조비 에비에이션, 볼로콥터, Groupe ADP 등 글로벌 UAM 사업체들과 활발히 협력하고 있으며, 국내 기업인 한화시스템, 롯데정보통신, 롯데건설과도 협력 관계를 체결했다.

스카이포츠가 버티포트 선도 기업으로 자리매김할 수 있었던 것은 세계 최초로 프로토타입을 선보였기 때문이다. 2019년 10월, 스카이포츠는 독일의 UAM 항공기 개발업체인 볼로콥터와 협력해 싱가포르 마리

나베이에 실물 크기의 버티포트인 볼로포트를 선보였다. 볼로포트는 고객 경험과 운영 프로세스 개선을 위한 최신식 안전/보안 프로세스와 모듈형 디자인이 적용됐다.

볼로포트를 통해 스카이포츠는 버티포트 개발 업체로서의 전문 역량과 기술을 전 세계에 알렸고, 실질적으로 UAM 버티포트 사업을 할 수 있는 업체임을 증명했다.

또한 2022년 10월, 스카이포츠는 조비와 협력해 버티포트 공간 설계를 위한 리빙랩Living Lab을 운영하기로 발표했다. 리빙랩은 UAM 서비스를 이용하는 고객들의 경험을 설계하고 정의하기 위한 다양한 기술과 프로세스를 테스트하기 위한 공간이다. 스카이포츠와 조비는 지상에서의 원활하고 빠른 고객 경험을 제공하기 위해, 버티포트 터미널 경험을 고객의 전체 여정이라는 관점에서 다시 생각하고 고객을 최우선으로 생각하는 프로세스를 설계하고 있다. 스카이포츠 CEO인 던컨 워커는 고객에게 '제로 웨이트zero-wait' 체크인 경험을 제공하는 버티포트 인프라를 개발하는 것을 목표로 한다고 발표했다.

앞서 UAM 사업의 핵심 역량 부문에서 기술한 것과 같이, UAM 서비스의 가장 중요한 가치는 빠르고 편안한 이동이다. 이는 UAM 항공기를 통한 이동뿐만 아니라 버티포트나 버티허브의 모든 순간을 의미한다. 이 점을 명확히 알고 있는 스카이포츠는 가장 최적화된 버티포트의 거점 표준을 설계할 수 있을 것이다.

조비와의 협력 외에도 2022년 11월 스카이포츠는 파리공항공단인 Groupe ADP, 볼로콥터 등과 협력해 유럽형 버티포트 테스트베드를 출시했다. 프랑스 파리에서 북서쪽으로 40km 떨어진 곳에 위치한 테스트베드에서, 스카이포츠와 UAM 항공기 개발업체들은 UAM 서비스 운영을 위한 기술과 절차를 실제 환경에서 테스트하고 개발할 기회를 얻었다. 테스트베드는 기술 개발자, 규제 기관, DGAC프랑스민간항공국와 같은 UAM 사업 생태계 파트너 간의 협력을 촉진하며, 이를 통해 다음의 항목을 테스트하고 있다.

☞ 서비스 운영: 항공 일정, 상황 인식 및 정보 교환, 지상 이동 프로세스, 충전 등

☞ 고객 여정: 보안 및 체크인, 체류 시간, 항공기 탑승 등

볼로포트 (출처: 스카이포츠)

스카이포츠는 국내 주요 기업들과도 협업 관계를 구축하면서 UAM 인프라 개발 사업을 점차 확대하고 있다. 2021년 5월에 한화시스템과 MOU를 체결했고, 2023년 4월에는 롯데정보통신, 롯데건설과 업무 협약을 체결했다. 스카이포츠는 버티포트 디자인을 맡고, 실제 설계와 시공은 국내 건설사가 담당할 것으로 보인다.

UAM 사업에 진출 중인 여러 기업들과 협업 관계를 체결하고 있는 스카이포츠는 버티포트 구축에서 많은 기회를 얻을 것이며, 그에 따라 글로벌 경쟁력도 확보할 수 것으로 생각한다. 스카이포츠가 디자인을 맡은 국내 최초의 버티포트가 공개되는 날을 기대해본다.

스카이포츠 X 조비의 리빙랩 (출처: 스카이포츠)

유럽형 버티포트 테스트베드 (출처: 스카이포츠)

UAM 사업 시나리오 3

2035~2040년, 스마트 시티의 한 축이 되는 UAM_ 새로운 모빌리티 생태계를 구축하다

모든 모빌리티 서비스의 지향점은 사람들에게 더 나은 이동 경험을 선사하기 위한 솔루션을 제공하는 것이며, 이는 완벽한 형태의 스마트 시티 내에 새로운 모빌리티 라이프로 구현될 가능성이 높다. 마찬가지로 UAM 사업의 최종 목표 역시 스마트 시티의 한 축으로 모빌리티 생태계를 구축하는 것이다.

기존 모빌리티 서비스 간의 경계가 허물어지면서, 전기차, PBV, 자율주행, UAM이 중심이 되는 새로운 모빌리티 생태계가 만들어질 것이다. 내연기관이 아닌 전기차의 비중이 높아지면서 전기차 인프라가 새롭게 조성되고, 다양한 형태의 차량들이 그 목적에 따라 운행될 것이며, 본격적인 자율주행 시대를 경험할 것이다.

이 시점부터 UAM 사업은 교통수단으로만 운영되지는 않을 것이다. 교통, 물류 등 이동에 대한 모든 것과 연결되고 주거 생활에도 밀접하게 연계된 모빌리티 라이프 허브로서의 역할을 수행할 것이다. 라스트마일까지 포함된 교통 허브, 드론 배송의 중심지, 주거 지역의 복합 거점 등 지금은 상상할 수 없을 만큼 일상을 변화시키는 새로운 세상의 중심에 UAM이 있을 것이다.

이를 통해 궁극적으로 모빌리티 서비스 산업의 중심축은 UAM으로 이동할 것이다. 어쩌면 이때부터는 UAM이란 용어는 쓰이지 않고, 하늘을 나는 이동 수단을 부르는 새로운 용어가 탄생하지 않을까 싶다. 자동차 제조사들은 직접 UAM 사업을 운영하거나 UAM 업체들과의 제휴를 통해 사업적인 시너지를 만들어낼 것이며, 대다수의 모빌리티 서비스업체들은 UAM 사업과의 협업 체계를 구축하거나 UAM 사업에 통합될 것이다.

물론 지금 언급한 것보다 더 많은 변화와 혁신이 일어날 것이다. 소수 혹은 개인을 위한 버티포트가 생길 수도 있고, 지상과 하늘의 교통 노선이 새로 만들어질 수도 있다. UAM 항공기는 더욱 커지거나 개인화된 형태로 진화할 수도 있을 것이다.

10년 전 지금의 세상을 우리가 예측하지 못했던 것처럼, 10년 후의 세상은 기술 발전에 따라 더 큰 변화를 맞이할 것이다. 그중 하나가 UAM을 타고 전국을 이동하는 모습일 것이다.

에필로그

"UAM 사업은 실현될 수 있는가?"

누군가 이런 질문을 한다면, 이 사업은 실현될 수 있다고 100% 장담할 수 있다. 앞서 말한 것처럼, UAM 사업은 전 세계적으로 진행되고 있는 신사업이자, 사람들에게 새로운 모빌리티 라이프를 제공할 수 있다는 점에서 그 의의와 파급력 역시 굉장히 크다. 그렇기에 많은 컨설팅 업체들이 UAM 시장 규모와 그 성장성을 높이 평가하고 있으며, 이미 수많은 업체들이 UAM과 관련된 사업에 참여하고 있다. 또한 우리가 흔히 아는 글로벌 기업들도 직접 참여나 투자를 통해 UAM 사업에 발을 들이고 있다. UAM 항공기를 타고 이동하는 사람들의 모습을 보는 것은 그리 먼 미래의 일이 아닐 것이다.

하지만 누군가 다음과 같은 질문을 한다면 수많은 전제 조건과 선결 과제 등을 설명한 후에 대답할 수 있을 것이다.

"UAM 사업은 성공할 수 있는가?"

결국 사업의 성공이란 수익을 창출하는 것이다. 물론 미래의 가능성에 기반한 투자와 손실 최소화를 통해 사업을 영위할 수는 있겠지만, 수익을 창출하지 못하는 사업은 지속될 수 없다. 수익 창출은 사업 모델의 문제일 수도 있지만, 그보다는 사업을 운영하는 업체의 역량에 더욱 좌우된다.

UAM 사업 성공을 위해서는 앞서 기술한 핵심 역량 확보 외에도 사업 운영 관점에서의 중장기 전략과 실행력 그리고 환경 변화에 선제적으로 대응할 수 있는 준비와 자세가 필요하다.

중장기 전략은 사업 모델의 결정, UAM 항공기/버티포트/인력의 운영 계획, 사업 계획, 핵심 역량의 확보 등 사업에 필요한 모든 요인을 검토한 후 체계적으로 방향성을 수립하고 이를 위한 핵심 과제를 도출하는 것을 말한다. 단기적인 관점에서 내년까지의 사업 계획뿐만 아니라, 향후 2~5년까지 중장기적 관점에서 어떤 로드맵을 갖고 사업을 운영할 것인지도 포함된다. 전략을 수립하고 실행하는 것으로 끝이 아니다. 전략 담당자들은 많은 시간과 노력을 기울여 회사의 미래 방향성을 고민하고, 여러 조직과의 협의를 통해 중장기 전략을 수립한다. 이를 경영진에게 보고하고 최종본이 나오면 전사에 공표하면서 회사의 방향성을 임직원들과 공유한다. 하지만 이런 과정을 거치고도, 대내외 환경 변화에 따라 1~2년 혹은 3~4년 내에 전략적 방향성이나 주요 과제가 변경되기도 한다.

이렇게 전략이 수정되고 기존에 추진하던 과제들이 아닌 새로운 과제들의 중요도가 높아지는 것은 전혀 문제가 되지 않는다. 오히려 환경 변화에 기민하게 대응하지 않고 기존 전략과 과제를 고집하는 것이 문제다. 대내외 환경 변화에 신속하게 대응할 수 있도록 사업 전략은 계속 진화해야 하며, 그에 따라 새로운 과제들을 발굴하고 실행해야 한다.

국토교통부는 2020년 12월에 UAM 기술 개발에 대한 청사진을 공개했다. 초기 단계인 2025년, 성장기인 2030년, 성숙기인 2035년의 3단계로 나누어 UAM 기체 스펙, 항행/교통 체계, 버티포트 거점 수를 제시했다. 주요하게 살펴볼 점으로는 UAM 항공기의 자율비행 시점은 성숙기인 2035년으로 하고, 버티포트는 초기에는 4개, 성숙기에는 52개를 운영하는 것으로 계획했다. 물론 현재의 기술 개발 수준과 참여 업체들의 준비 현황, 정책 수립 등의 다양한 요인에 따라 수정될 가능성이 높다. 특히 UAM처럼 환경 변화에 민감한 사업의 경우에는 더욱 그렇다. 물론 사업 모델을 변경하는 것은 매우 큰 리스크가 따르지만, 중장기 방향성에 기반한 사업 전략은 시장 환경과 기업 역량에 따라 지속적으로 수정되고 진화해야 한다. UAM 사업의 핵심 역량도 일정 수준에 오른 후 그 시점의 UAM 사업 환경에 따라 어떤 역량을 강화하고 새로운 핵심 역량으로 확보할 것인지 의사결정이 필요하다. 이 책에서 서술한 핵심 역량도 UAM 사업이 상용화된 후에는 UAM 사업을 하는 모든 기업이 가지고 있어야 할 기본 역량이 될 것이다. 다른 업체보다 차별화되고 경쟁력 있는 사업을 운영하기 위해 새로운 핵심 역량을 발굴하는 업체만이 시장에서 독보적인 위치를 확보할 수 있을 것이다.

맺음말

지금도 CES 행사에 전시된 UAM 항공기 모형을 처음 봤을 때가 생생하게 기억난다. 그때만 해도 하늘을 나는 에어 택시 사업이 정말 실현 가능성이 있는지 의문이 들었다. 하지만 지금은 반드시 실현될 사업이라는 믿음이 생겼다. UAM 시제기를 발표한 조비나 오버에어 등의 업체와 국내에서 진행 중인 K-UAM 그랜드챌린지에 참여하는 기업들을 보면서 그 믿음은 더욱 확고해졌다.

그렇다고 해서 UAM 사업이 장밋빛 전망만 펼쳐질 거라고 보진 않는다. 분명 사업에 참여한 업체들 중 대다수는 사업을 포기할 것이고, 사업을 하면서도 수익 관리가 안 되어 사업을 중단하는 업체도 있을 것이다.

UAM 서비스 요금이 미래에는 택시 요금과 비슷한 수준으로 책정될 수 있다는 글을 본 적이 있다. 선부른 판단일 수도 있지만, 자차 시장과 택시 서비스를 대체할 수 있는 카셰어링 서비스의 요금과 비교해본다면 과연 그 시점이 올지는 의문스럽다. 거기에 UAM 항공기 구매, 버티포트 구축, 운항 서비스 관리까지 사업 초기에 엄청난 투자가 필요한 UAM 사업이 택시 수준의 요금으로 사업을 유지할 수 있을지에 대해서는 여전히 부정적인 입장이다.

UAM 사업에 대한 긍정적인 면만 보는 것이 아니라, 객관적이고 냉정한 시각을 갖춰야 한다. 사업 운영을 위한 충분한 자본 확보와 함께 사업 모델에 맞는 전략과 인프라를 구축한 후, 사업을 운영하면서도 환경 변화에 맞춰 끊임없이 경영을 관리하고 혁신하는 기업만이 시장에서 생존할 수 있다. 그리고 그러한 기업들이 UAM 산업의 패자로 자리잡을 것이다.

물론 UAM 사업을 준비하는 기업은 사업 실증을 위해 이미 너무나 많은 사항을 검토하고 수행할 것이다. 그들의 노력과 헌신 덕분에 국내에서 UAM 운항 서비스를 이용하는 날이 곧 올 것이라 믿는다. 이 책이 UAM 사업을 준비하는 사람들에게 조금이라도 도움이 되길 바라는 마음으로 글을 마친다.